知的生きかた文庫

実践編　般若心経　こだわらない生き方

名取芳彦

三笠書房

難しくて、よくわからないというのが本音かもしれません。

ただこれは、もったいないことだと私は思っています。

それは『般若心経』には、私たちが普段、どうしてもこだわってしまうこと、そしてそのこだわり故《ゆえ》に悩み、迷ったときに、そこでつまずかないための解決のヒントがぎゅっと詰まっているからです。

いい換えれば、人生の悩み全般に、これ以上ないほど簡潔な形で答えてくれているということができるでしょう。


本書は六道《ろくどう》にちなみ、一章一道として、計六章で構成されています。

六道とは、私たちが死後に輪廻《りんね》するという六つの世界【地獄道（1章）・餓鬼《がき》道（2章）・畜生道（3章）・修羅道（4章）・人間道（5章）・天道（6章）】を表わしています。「輪廻」は「迷いをくり返している世界」といってもいいでしょう。

また、各項目の最後には、必ず言葉とともに地蔵菩薩（お地蔵さま）が登場します。お地蔵さまは仏教において、この六道という迷いの世界から、死後の私たちを救ってくれるとされています。

このお地蔵さまは苦しみ悩んでいる人があれば、どこへでも出かけることを示すために、先端に六つの輪がついている錫杖《しゃくじょう》という杖《つえ》を持っています。じつはこの六つの輪こそ、六道を示しています。

——ただ、この六道、死後の世界というよりも、日々私たちが暮らす世界と考えたほうがしっくりきます。

なぜなら誰もが、苦しみもがくこと（地獄道）もあれば、自分のことしか考えられないこと（餓鬼道）もある。感情に流されること（畜生道）もあれば、損得・勝ち負けにこだわること（修羅道）もある。さまざまなことで悩むこと（人間道）もあれば、まわりがまったく見えなくなること（天道）もあるからです。

そして、多くの場合こうした迷いの発端になっているのは、「こだわる」こと。

人は、どうしても何かにこだわってしまう生き物ではありますが、こだわり過ぎると人生を見失ってしまいます。

これでは、迷いが絶えることはなく、なかなか人生を楽しむことが難しい。

この悩みを解決するため、解決の糸口となる『般若心経』を胸に、六道に詳しいお地蔵さまに手を引いてもらいながら、「人生のこだわり」を少しでもなくしていこう、というわけです。

毎日六道の中を行きつ戻りつしている私たちを救うお地蔵さまと、これまた人々を救う経典としてもっとも有名な『般若心経』を合体させてみようというのが、本書企画の発端です。

この企画を実現するにあたり、私が自分をいさめるために書いている「いいたい放題」の言葉を、多くの柱にすることにしました。

そして、恐れ多くも、ときにはお地蔵さまの一人称で書き進めるという大胆な手法を出版社（つまり三笠書房のこと）より勧められました。

お地蔵さまが、『般若心経』を懐《ふところ》に、錫杖をつき、私たちのところまで来てくれて、一緒に歩いてくれる――。お地蔵さまが隣にいてくれたら、六道がそのまま仏道に変わることでしょう。

なお、各章の前口上《まえこうじょう》及び、巻末にて私的お地蔵さま流訳（私、芳彦流ともいいます）を試みました。

基本編ともいえる、前著『般若心経、心の「大そうじ」』（三笠書房）とは、また違った訳を楽しんでいただければと思います。

本書が、仏道（＝六道）を行くお役にたてば幸いです。

合掌
名取芳彦

目次

2章

不安や不満でいっぱいのとき

「頑張る」よりも、「考え方」を変えてみよう

3章

ちょっと自己嫌悪になったとき

正しいことだけに、こだわらない

4章

争いごとに、エネルギーを使わない

つい損得に目がいってしまうとき

6章

気持ちをラクにする、「ほっ」とひと息つく
「今日より明日」と考えて生きる

本文イラスト／著者
編集協力／岩下賢作

1章

「苦しいな」と感じたときに

ちょっとだけ上を向いて、歩いてみませんか？

前口上　困ったときは、仏さまの智慧を借りる

『般若心経』（以下『心経』）は、こんなドラマティックなはじまり方をします。

観自在菩薩《かんじざいぼさつ》という名前の、とても感性豊かで、自由な発想ができる、心が柔らかな仏さまがいました。その仏さまが悟りにいたるために必要な、深い智慧の修行をしていたときのことです。

［観自在菩薩、深般若波羅蜜多《じんはんにゃはらみった》を行《ぎょう》じしとき：観自在菩薩《かんじざいぼさつ》　行深般若波羅蜜多時《ぎょうじんはんにゃはらみったじ》］

物体（私たちの体を含めます）や心のあり方はつねに同じ状態を保っているわけではなく、変化し続けて、実体と呼べる程のものはない（これを空《くう》といいます）ことがはっきりとわかったら、それまでの苦しみや行き詰まりがなくなってしまったのです。

［五蘊《ごうん》は皆空なりと照見《しょうけん》して、一切の苦厄《くやく》を度《ど》したまえり：照見五蘊皆空《しょうけんごうんかいくう》　度一切苦厄《どいっさいくやく》］

〝深い智慧の修行〟などといわれると、それだけで「仏教はやはり深遠で難しそうだ」と思われるでしょうが、この場合深さについては、あまり気になさらずに。

私たちは仏さまのように、修行三昧《ざんまい》の生活はしていられません。毎日生きるのがやっとこさの状態です。深い智慧の修行はとりあえず専門家に任せ、般若波羅蜜多という「悟りにいたる智慧」に少し踏み込むだけでも、ずいぶん心が軽くなり、前向きに、笑顔で、それでいて人を傷つけることなく生きていけるようになれます。

ここで、『心経』をたどることで、悩み苦しみからの脱出の方法、笑顔を増やす手がかりを見つけてみましょう。『心経』の中では、観自在菩薩が苦厄を度（＊1）した理由は、五蘊（＊2）はみんな〝空〟だと照見した（気づいた）からだといいます。

＊1　度は渡すという意味。ここでは、どこかへいってしまったくらいに考えていただければいいでしょう。

＊2　色・受・想・行・識の集まりのことで、あとで解説しますが、ここでは読み流して結構です。

観音さまが、いつそんなことに気づいたかといえば、深い般若波羅蜜多を行じて（実践して）いたときに、です。具体的には、自分のご都合を入れないで、物事をよく観察して、本質を見抜く深い智慧を養う訓練をしていたときということですが、とりあえず、ここでは「ふ～ん」と流していただいて結構です。

ここでのキーワードは、「観自在」という言葉。これは、観じることが自由自在な観音さまが心を訓練したから、結果として、苦厄がなくなったという意味です。

これからご紹介する地獄道、それは苦しみだけの世界です。そこにいる者たちを、亡者《もうじゃ》と申します。この亡者、「亡き人」ではなく、「金の亡者」「我利我利《がりがり》亡者」などと使います。救われようにも、救いようもない者たちのことでございます。

ただ、生きている間にも、苦しみもがきながら、心の闇《やみ》の中をさまよい、明るい出口が見えない「まるで地獄のような」ときが、誰にでもあるものです。その長さも一瞬から何年も続く場合とまちまちでしょう。そんな生き地獄にあっても、そこから抜け出す方法がないわけではありません。抜け出すチャンスはいろいろなところにあります。

ただ地獄にいるときには、なかなかそれに気づきません。気づいたとしても、それを利用するときに我利我利亡者のままの思考では、うまくいかない。せっかく「くもの糸」が垂らされているのに、地獄を彷徨《ほうこう》し続けることになってしまうのです。

何をやっても袋小路の行き詰まり、にっちもさっちもいかない状態を、漢字で「厄」と書きます（厄年など、縁起が悪いという意味は日本語だけです）。

この、苦しみと行き詰まり（「苦」と「厄」）が、いきなりなくなってしまった――。これが、冒頭の『心経』のドラマティックなはじまり方につながるわけです。

観音さまだからできた？　誰です、そんなことをいっている人は。

それこそ、「こうであるべきだ」という思考枠から出られないべキベキ星人。「こうであるはずだ」と思い込むハズハズ星人。「こうせねば」と義務感の塊《かたまり》のネバネバ星人。そんな感性のままでは、いつまでたっても心が自由になれません。万華鏡《まんげきょう》の鏡にあのキラキラしたものが、ピタリとこびりついてしまって、まわしても何の変化もしないようなものです。あぁ、もったいない。豊かな感性の中で、ときに応じてことに即して自由自在に出てくる心。私たちには遊び心も、威儀を正すことも、誠実さも、謙虚さも、希望も必要です。1章（地獄道）で紹介する言葉が、あなたの心の中の何かに響き、まわる万華鏡のようにキラキラと心模様が動き出すか――。

では、幕開けとまいりましょう。

1 一度、ドンとかまえてみる

■〝臨機応変〟に生きよう

私たち地蔵は（ん？　複数？　はい、たぶん大勢います）、いつも皆さんの心の風まかせの旅の空。東に泣いている人あれば、行って「思う存分泣いてもいいです」と衣の袖《そで》を手拭《てぬぐ》い代わりに差し出す。西に怒っている人あれば、うしろから水をぶっかけて頭を冷やす。北にいつも笑っている人あれば、一緒に笑う。南に走り続けている人あれば、通せん坊（主）となって立ちはだかり、少しはゆっくりしなさいと、手をつないで歩き出すといった具合。

これを称して「行きあたりばったり」。どこでどんな人にめぐり合うか、まさに世の中は万華鏡のようなもの。ハラハラとワクワクが同居している世界です。

それにしても、「行きあたりばったり」とは面白い言葉。辞書によると「一貫した予定もなく、その場その場のなりゆきに任せること］とあります。「ばったり」は［偶然出会うさま］。「街角で〝ばったり〟と出会った」などといいます。

ただ、世の中、これでどうにかなればいいのですが、なかなかそうはいきません。

そこで、これと似て非なる言葉を登場させましょう。――「臨機応変」であります。意味は［そのときどきの場面や状況の変化に応じて、適切な処置を施《ほどこ》すこと］。

何が「行きあたりばったり」と違うかというと、物事に出合ったとき、処置するための材料の豊富さと、その場の状況を見抜く智慧の質。物事に自分が振りまわされるか、それを自分の手の中でうまくまわせるかの違い、といっていいかもしれません。

スポーツをするとき、体の前に重心がかかっていて膝《ひざ》の動きに余裕があって、どんな状況にも対処できるゆとりがあれば臨機応変。

体重がうしろにかかっていて身動きが取れず、足がもつれてばったりとひっくり返ってしまうのが、文字通りの行きあたりバッタリ……。

■「のろい」と「ゆっくり」は違います

もう一つ、ついでにたとえると、「ゆっくり」と「のろい」の違いのようなもの。

ゆっくりは、本当は早くできる実力がありながら余裕をもって遅くすること。マラソンのオリンピック選手が市民マラソンで、市民と交流しながら笑顔で走っているようなものです。それに対して、のろいは、私が精一杯走っているのに、みんなに追い抜かれてしまうようなものです。底力が違うんです。

お釈迦さまは、臨機応変の達人でした。人々の機根《きこん》（能力・資質）に対応して法（教え）を説いたことから、お釈迦さまの説法のことを〝対機説法〟というほどです。

行きあたりばったりで人に教えを説くようなことはしませんでした。

「こういう状況ならば、このように伝えたほうがいいだろう」と、数多くある材料の中から、どうすることが適切なのかを見抜く智慧がおありでした。

自分を偉く見せるための方便でもなければ、チャランポランに放言したのでもありませんし、誰に対しても同じことをいったわけでもありませんでした。

このような臨機応変な人になるためには、経験値がものをいいます。

さあ、あなたの経験値は、臨機応変に耐えうるものか、行きあたりばったりにしか対応できないものか。知識、智慧、経験を総動員して、「さあ、来い！」と前に重心をかけて、今日も明日も、人生の東西南北を縦横無尽《じゅうおうむじん》に走りまわっていきましょう。

行きあたり
ばったりか
臨機応変か

2 「自分はダメだ」なんて思っちゃいけません

■心をチッポケにしない

私、地蔵は錫杖《しやくじよう》という杖《つえ》をつきながら全国を行脚《あんぎや》しております。これを仏教語では遊行《ゆぎよう》といいます。「遊」はもともと、定着せずにぶらぶらしている、揺れ動くという意味（好きなことをして楽しく暮らすというのは、あとから加えられました）。一つのところに留まらず、皆さんの求めに応じて参上するという、一所不住の流れ旅。

その流れ旅の中で、人々の喜怒哀楽、厳しくも豊かな自然の営みを目《ま》のあたりにするのでございます。ときには人をお救いしますが、地蔵菩薩という名の「菩薩」は、まだ悟りにいたらずに修行中の身であることも表わしますので、私とて、自らを磨きながらの遊行なのです。

そんな地蔵の私が心を磨くために、いつも注目しているのが「マイナスイメージ」。

今回は、歯車の話からマイナスイメージについて考えてみます。

チャップリンの映画『モダン・タイムス』の中では、同じ作業を延々とやり続ける労働者を感情や思考がない単なる歯車の一つとして描く場面があります。

この歯車が表わしているのは、一つの部品として扱われる人間。それは、人間を単なる材料として考える「人材」という言葉につながる系譜でしょう。つまりこの歯車は、全体の中の一部分としてチッポケな、取るに足りないような存在としてのマイナスイメージを象徴しています。

それはまた部品である以上、役に立たなければ取り換えがきく、つまり交換可能で他に代わりはいくらでもいるという、自己存在を否定するイメージも持っています。

ある辞書ではこれを「組織体制の中でその構成要素として決められた役割を果たすだけの存在（サラリーマンがやや自嘲《じちょう》気味に使うことが多い）」と解説しております。

■人間、何かが欠けているからこそ強くなれる

しかし、そんな歯車が持つマイナスイメージだけを自分に重ね合わせて、不貞腐《ふてくさ》れることはないのではないかと思うのです。前出の辞書では、歯車の最初の意味として

こんな解説がしてあります。

［周囲に歯を刻みつけて動力を伝える車。ギヤ］［連動して物事がうまく進行する仕組みの意］にも用いられる。【例「政治の歯車が狂う」「歯車がかみ合わない」】

そうです。歯車はかみ合うことで、大きな力を発揮するものなのです。一つひとつの歯車はギザギザです。円から見れば、あちこち欠けています。歯車の欠けている部分に他の歯車の歯がガッチリと組み合わさって、歯車はその本領を発揮するのです。

自分はダメだと思わなくていい。そのダメなところを誰かが、あるいは何かが埋《う》めてくれることで、私たちは力強く生きていけるのですから。

自分を取るに足りない小さな歯車だと思っている人は、心がチッポケになってしまっているのです。隣の歯車と力を合わせてこそ、できていることがあるはずです。

そして歯車同士の連動で大きなもの（家族も地域も世界も）が、ダイナミックに動いていることを忘れないでください。

29　ちょっとだけ上を向いて、歩いてみませんか？

ギザギザの
歯車だから
力が出る

3 「生きる」のは、そんなに難しくない

■地面がある場所を見つめてみる

自分を「世の中に無駄な人間だ」なんて思わなくていい。
少しでも地面がある場所へ行ってみるといい。
そこにしゃがんで、どんな草が生えているか、草をかき分けてみるといい。
どんな小さな虫がいるか、探してみるといい。
そこには、無駄な草も生えてないし、無駄な虫もいない。
無駄であるなら、その場に、その時期にそこに生えないし、そこに住んでいない。
生える準備が整った草が生え、住むべき虫がいる。

自分も草っぱらの一本の草かもしれない。一匹の虫かもしれない。

あなたが、そして、私が、この時代にこの世に生まれ、この土地に生きているというのは——そういうことだ。

命とはそういうものだ。

生きるというのはそういうことだ。

金持ちだとか、貧乏だとか
仕事があるとか、ないとか
子どもがいるとか、いないとか
汚いとか、きれいとか
仕事や勉強ができるとか、できないとか
外国に行ったことがあるとか、ないとか
偉いとか、偉くないとか
肩書きがあるとか、ないとか
そんなことは関係ないところで
命はある。

重い命もなければ
軽い命もない。

■命に〝飾り〟など必要ない

社会性とか生産性とか生活力とか
宗教とか使命感とか
そんな生き方の問題を
自分の命や、他人の命の付加価値にしなくていい。
付加価値や飾りに気を取られて命を投げださなくていい。
命は、飾りなど関係なく、そのままで、あるべくして、あるからだ。

草っぱらに近づいてみるといい。
自殺なんか
しなくていい。

草っぱらに
無駄は
ものなんて
生えてない

4 心にかかる雲を、サッと流す

■曇り空の向こうには、必ず太陽がある

ある小学校の運動会で赤組が勝ったときのこと。最後の挨拶《あいさつ》で、朝礼台に立ったPTA会長はこう切り出しました。

「みんな、上を見てごらん」――校庭にいた全員が空を見あげます。

「空に赤い太陽が出ているね。だから今日は赤組が勝ったんだね。赤組おめでとう。白組もよく頑張りました。おじさんのお話、お・し・ま・い」

校庭の全員が呆気《あっけ》にとられた顔をして、そのあと笑顔になりました。

さて、翌年の運動会。この年も赤組が勝利。ところが、上空は一面の雲におおわれていたのです。昨年の短い挨拶が印象に残っていたためでしょう。校庭にいた児童も先生も保護者も、PTA会長の挨拶を固唾《かたず》をのんで待っています。

そして、壇上にあがったＰＴＡ会長は、「みんな、上を見てごらん」――全員が鼻毛が数えられるくらいに顔をあげたところで、こういいました。

「みんなの上には白い雲があるね。だけどその雲の上には赤いお日さまが輝いているんだね。だから今日は赤が勝ったんだね。おめでとう。白組のみんなの頑張りにも、白い雲が拍手をしに来たんだね。おじさんのお話、お・し・ま・い」

このＰＴＡ会長の話は、運動会だけでなく卒業式でも入学式でも、いつもこんな調子――聞き手に何かさせ、色などのイメージを具体的に想起させ、そして何といっても短い――児童には大好評でした。昼間であれば、どんなに曇っていようと、雨が降っていようと、その上には太陽があります。それは小学生でもわかること。

さて、雲の上には太陽があるというのは、他の状況でも見聞きする言葉。悩んでいる人に明るい希望を託し、あるいは苦しんでいる人へのアドバイスとして使われます。

「雲の上には、輝く太陽があるよ」「やまない雨はないから」

■雨が降ったら傘をさせばいい

永遠に続くと思われるような深い心の苦しみの中にあって、それまでうつむきがちだった人が、視線を変えて上を向いてみることはとてもいいことです。それだけで実際の視野の広がりとともに、心も翼を得て飛び立つように開放されるキッカケになることがあります。今の状況に耐えていこうとする勇気を持つこともできるでしょう。

しかし、現実は、頭上に雲が一面低くたれこめ、雨が降っているのです。その現実から逃れることはできません。逃れるために雲の上の太陽を思うことは、現実逃避の一つにつながります。自分の心の問題は逃げたり、放棄していては、解決しません。

まずは現実と向き合うことです。

「今の私の心は、雲におおわれているようなものだ。そして、自分の心はそれをいやがっているのだ」

「雨が降り続いて、雨宿りしているように、私は動けずにいるのだな」

今の状況をそう考えられるようになったら、つぎには実際に外に出てみるのです。

雲を見あげれば、雲だって流れていることがわかります。雲の上の太陽を思うのではなく、心の雲を流していくほうがずっと現実的です。また雨の中に実際に出てみればいいのです。雨が降っても傘があれば動けます。なくても、濡《ぬ》れる覚悟ができれば一歩踏み出すことができるのです。

曇り空にため息つくより
雲の上の太陽を
想おう
雲の上の太陽を
想うより
頭上の曇り空を楽しもう

5 人の悪口は、いうのも聞くのもご用心

■「邪魔」は「悪魔」に通じている

世の中には、人の足を引っぱる人がいるもの。

ある辞書によると「足を引っぱる」は「他の成功・勝利・前進などの邪魔をする。また結果として他の邪魔になる行動をする」——とあります。

なぜ邪魔になる行動をするかというと、二つのケースがありそうですね。

一つは、他人が自分よりも、成功したり、前進したり、昇進したりするのを妨害して、自分と同じ、あるいはそれ以下の境遇に引きずり降ろすため。素直に人の成功や昇進を喜べばいいと思いますが「お前さんだけ、いい思いをさせてなるものか」という、まことにミミッチイ考え方によるものです。プールからあがった人を、水の中にいる人間が再びプールに引きずり込むようなもの。あるいは仲間で歩いていて雨が降

りだし、一人、傘を持っている仲間の傘を取りあげるようなものです。

もう一つは、すでに同じ状況や立場にいる人を引きずり降ろすことで、自分が優位に立とうとする場合。自分の視界（将来）の妨《さまた》げになる「目の上のたんこぶ」を取り除こうとすることです。並み居る人をかき分け、押しのけてバーゲン品を自分だけが手にするようなものです。

いずれにしても、我《が》が強烈に出過ぎていて、人の邪魔をするなどというのは、あまり褒《ほ》められた話ではありません。もともと邪魔は仏教語。お釈迦さまが悟りを開きそうになったときに、それを妨げようとした悪魔のこと。転じて、物事を達成しようとするときに、それを妨害するもののことを「邪魔」というようになりました。いわば、人の邪魔をし、足を引っぱるような人こそが「邪魔」という悪魔なのです。

■悪口がはじまったら、その場をそっと離れなさい

さて、私たちが他の人の足を引っぱるという行為の中で、もっとも身近なのは他人の悪口でしょう。ミミッチイ心と口があれば、誰にでもできます。しかしはたから見ればかえって自分の人格を疑われますからご用心。

特に、悪口をいおうとする場に、標的にされる人とその後も同じ職場やサークルで、つき合いをしなければならない人がいる場合は要注意です。

『清水次郎長伝』の中に、こんな一幕があります。尾張で亡くなった次郎長の奥さんの葬儀に、全国の親分衆が駆けつけた。その中の一人、伊勢の周太郎が尾張の国に悪い奴がいるらしいと聞き、親分衆にそれを尋ねるのですが、尾張の親分には聞こうとしないという話です。

「あなたという人は俺たちが大勢集って、あの人は好い人だと褒めてると、そこへ顔を出して一緒ンなって褒めてる。あの野郎は嫌な野郎だってけなしていると、聞こえていて聞こえねぇふりをして、向こうへ行ってしまうのがあんたの値打ち、あなたは尾張で生れて尾張で育って、この尾張へ松杉を植える人（一生そこで暮らすという意味）、わっしゃァきょう尾張にいて、あした伊勢へ帰る。尾張に用のねぇ人間が、生涯いるあんたに、喧嘩の種を蒔《ま》いてちゃァまことに失礼だ。お前さんにゃァ聞きません」

悪口がはじまったらその場を離れる。褒めているときには一緒に褒める。それが粋《いき》な大人の行動です。

足なんか
引っぱらないで
手を
引いて

6 今日一日、朗らかに過ごす

■日のあたる場所を見つける

昼間、道を歩いていると、前方に大きな建物や長い塀《へい》が作る日陰と日向《ひなた》に出合うことがあります。そんなとき、私は意識して日のあたっているところを歩きます。知らないうちに日陰を歩いていることに気づくと、ひょいと境界線をまたいで日のあたっているところを歩くのです（よっぽど暑い日は例外もありますが）。

それには、こんな理由があります。

一九二七年にアメリカのフォークグループ、カーター・ファミリーが“KEEP ON THE SUNNY SIDE”という曲を発表しました。原題を訳せば「日のあたる側にいよう」でしょうか。

人生には喜びや悲しみがある。希望や絶望もある。でも日のあたる側にいよう。やまない雨はない。雨がやめば日の光が出てくるさ。希望の笑顔で挨拶しようよ。救い主が見守っていてくれるよ。――かなり大胆な超訳ですが、まあそんな内容です（地蔵がキリスト教の歌を紹介するとは何事だと思われるかもしれませんが、いいのです。救い主のところを、「仏」とか「あなたの本当の心」と読み換えればすみます）。

■ぱっと目の前が晴れる瞬間

さて、「sunny side」とは、日のあたる側という意味、つまり日向といえます。反対は日陰。この日向と日陰は、私たちの心のあり方そのものといってもいいでしょう。

気分がいいとき、晴れやかなときもあれば、ガックリ落ち込み暗い気持ちになるときも。それは、まるで、晴れた日に建物や塀が作り出す日向と日陰のようなもの。

であれば、日陰から出て、日向に移動するのは、たった一歩だと思うのです。どんなに日陰を歩き続けていても、日向へ出るには、最後の一歩なのです。

あとから振り返って、「何だ、私はこんなことで悩んでいたのか」と問題が解決したことはありませんか。

「なーんだ、自分で自分を苦しめていたのか」と気がついたことはありませんか。

そのときこそ、日陰から日向に出た瞬間です。よく思い返してみれば、たった一歩だった——私にはそんな経験があります。その経験が、今でも、日陰を歩いていると日向へひょいと出るという、はたから見るとじつに奇妙な行動となって現われるのです。そして、日陰と日向の境界線をまたぐとき、私は足元を見て、自分にいい聞かせます。

「この一歩なんだ。たった一歩なんだ」と。

この先、私たちは、どんな辛《つら》い目や困難に出合うかわかりません。でも、そんなときでも、たった一瞬、たった一歩で、晴れやかな心になれるのだと希望を持って生きたいですね。

蛇足《だそく》ですが、私は玉子料理の中では、目玉焼きが大好きです。なぜかというと、目玉焼き（半熟）のことを、英語で「sunny-side up」というからなんです。何だか、「陽気に、顔あげて」といっているような気がします。

皆さんも目玉焼きを見たら「陽気に、顔あげて」と思い出してみてください。その日一日、朗らかに過ごせるキッカケになるかもしれません。

Keep
ON THE
Sunny Side
陽気に
顔あげて

7 こだわりを捨てる——これがコツ

■「仕方がないこと」をぐちぐちいわない

色は匂えど　散りぬるを（いろはにほへと　ちりぬるを）

咲いている間はいい香りを放つ花も、いつかは散ってしまう。

我が世誰ぞ　常ならん（わかよたれそ　つねならむ）

この世の中では、誰一人として死なないということはない。

有為の奥山　今日越えて（うゐのおくやま　けふこえて）

なすことがたくさんあるこの世で、（仏教の教えによって）生死の問題や幾多の苦しみ、悩みを取り除いて、人生の峰々を越えていけば、

浅き夢見じ　酔ひもせず（あさきゆめみし　ゑひもせす）

浅い夢見心地のように、多くのことに翻弄《ほんろう》されることもなく、まるでお酒に酔っ

たかのような振る舞いをすることもなくなり、心静かな、悟りの境地にいたることができる。

最近では、あまり口にすることがなくなった「いろは歌」ですが、やはりいつまでも語り継がれていくべき内容を持っています。

仏教の四句《しく》の偈《げ》（仏の功徳《くどく》を褒めたたえる詩）と呼ばれる教えを七五調できれいに訳したものですが、ここでもとの偈をお伝えしておきますね。

諸行は無常なり　是れ生滅の法なり　生滅を滅しおえて　寂滅をもって楽となす

「いろは歌」の前半の二句は、よいとか悪いとかの問題ではなく、ごくごくあたり前のこと。いまさら疑問の余地はありません。

さて、後半に出てくる「有為」は、いろいろやることがある世の中のこと。仕事、家事、子育て、人づき合いなど、私たちが毎日直面していることです。なすべきことを義務のように感じて、負担に思えば、これはもう生き地獄です。

仕事がつらい。家事は面倒。子育てなんて苦労の連続。人づき合いなんか煩《わずら》わしいと、何事に関しても文句ばかり、グチばかりいっている人は、こうした地獄の迷路をさまよっているようなものです。

■呼吸を整えて、苦しみと向き合う

一方で、同じことに出合っても、自分を地獄の住人にしない人たちもいます。こうした人たちの多くは、こだわりとご都合が少ない。最初からこだわりやご都合がない人もいますが、一度地獄の迷路に踏み込んだ人は、自分のこだわりやご都合の正体をつきとめないと、有為の奥山を越えて心静かな境地に達することはできないでしょう。

そのための方法を、仏教では「禅定《ぜんじょう》」といいます。心を静めて自分の心を観察する方法です。視覚や聴覚、嗅覚《きゅうかく》の刺激の少ない場所で一人になり、呼吸を整えて、自分の価値観や思考のどこに原因があって自分は苦しんでいるのかを観察する修行です。

水中のゴミは水流があるうちは、浮きあがってきません。水面が静かになって、やっと浮きあがってきます。それと同じことをするのです。

有為の奥山を越えたところにあるのは、じつは今までいた場所と同じです。しかし、異なった見方ができるようになって、再び対面したとき、そこは地獄ではなく、浄土に変わります。

心静かに
してみると
浮き
あがって
くるものが
ある

2章

不安や不満でいっぱいのとき

「頑張る」よりも、「考え方」を変えてみよう

前口上 思い通りにしようとするから、がんじがらめになる

「ご都合通りにならないこと」を仏教では「苦《く》」と定義づけています。

つまり、私たちが苦と感じるのは、自分のご都合通りになっていない場合なのです。

ご都合通りにならないことを、ご都合通りにしようとするから苦しみが生まれる——それが仏教の基本的な考え方です。

ご都合がなければ、心はぐんと軽くなります。そのエゴをなくすための考え方を、『心経』では、仏さまが舎利子《しゃりし》という弟子に語って聞かせる形式を取ります。

舎利さん、いいですか、よく聞いてください。物体は、さまざまな縁が集まっているいわば集合体であって、固有の実体なんかないのです（それを実体があるように思っているから、あちらこちらでつじつまが合わなくなって、「こんなはずはない」と怒り、悲しみ、むなしくなり、苦しむことになるのです）。いい換えれば、いろいろな要素が集まって、物体になっているということです。

［舎利子よ、色は空《くう》に異《こと》ならず、空は色に異ならず、色は即《すなわ》ち是《こ》れ空、空は即ち是れ色なり：舎利子《しゃりし》　色不異空《しきふいくう》　空不異色《くうふいしき》　色即是空《しきそくぜくう》　空即是色《くうそくぜしき》］（色は物体の意）

これを私、地蔵の姿でたとえてみましょう。私が通常の衣姿《ころもすがた》を着替え、ダブダブの半ズボンと大きなTシャツを着て、首に金銀のネックレス、耳と鼻にピアスをして、スニーカーを履《は》けば、立派なラッパー姿に。また、裸になっても、私の体は胴体、手、足、顔、頭などの部位に分けることができます。顔一つとっても、目・鼻・口・耳などのパーツでできていることは「福笑い」をしたことがある人ならご承知の通り。

さらに体の内部の細胞レベルでも、一定期間で、多くの細胞が新陳代謝《しんちんたいしゃ》して世代交代をくり返しますから、昨日の私が今日も同じということはありません。

なかなか見えない心の中も同じこと。今日のあなたの考えが、明日も同じである保証はどこにもありません。これを『心経』ではこんないい方をします。

情報を受け取る目・耳・鼻・舌・体も、思うことも、行なうことも、知識もつねに変化し続けているのです（にもかかわらず、自分の経験や知識や行動パターンが、誰にでも通用するかのように思い込むから「あれ？　おかしいな」と悩み、挙句の果てには「誰でもそうするでしょ」とか「こういう場合はこうするでしょ」と人を中傷して傷つけたりすることになるのです）。

［受《じゅ》・想《そう》・行《ぎょう》・識《しき》も亦《ま》復《た》是《かく》の如《ごと》し：受想行識《じゅそうぎょうしき》　亦復如是《やくぶにょぜ》］

すべてのことは、さまざまな縁（条件）によって、一瞬たりとも同じ状態ではありえません。これを、ときどきでもいいから意識していないと、変化し続けるものが絡《から》み合って成り立っている日々の暮らしの本質（つねに変化して、固有の実体はないという空）が見えてきません。それにふれることが、ご都合最優先という餓鬼《がき》の世界から抜け出す力になります。

餓鬼道、それは自分のことしか考えない者たちが住むところ。全員が自分のことしか考えていませんから、それぞれのご都合（我《われ》が我がというエゴ）がそこいら中で衝突し、火花を散らし、怒り、恨みが充満している世界です。

ご都合ばかりを考える餓鬼の思考になったとき、自分の都合をどんなに声高に叫んだところで、世の中は自分のご都合の他にさまざまな縁が否応なく絡んでくることを知っているのと、「何がどうなろうと関係ないね」とうそぶいているのとでは、苦しみの度合いが大きく異なってくるのです。

2章（餓鬼道）では、そうした縁の具体的な関わりも取り入れながら、餓鬼注意報のような言葉を中心に組み立ててあります。さらに、心に余裕のない餓鬼よりもずっと大きな心を持つためのヒントになるだろうと思われる言葉も入っています。

餓鬼が通ろうとしている道は「ご都合通り」という名前の道。そこは一人分の道幅しかありません。その狭い道を、何かに飢えているようにヨダレを垂らしながら歩いていることがあったら、そんな自分に気づきたいものです。そういえば、餓鬼を反対から読むとキガ（飢餓）ですね。「餓鬼が飢餓」「飢餓の餓鬼」——あはは。回文だ。

かつて、わがままなことをして、たまりかねた大人に「このガキ！」といわれた経験がある方は、ご自身が「ガキ」から「大人」になった人生遍歴を重ね合わせてご笑読いただければ幸いです。また、そうでない方は「ご都合通り」という狭い道幅を、他の人と手をつないで通れる「仏道」という道幅まで広げるためのお役に立てば、私も錫杖《しゃくじょう》をシャンシャンならして歩く甲斐があります。

8 おもいっきり〝深呼吸〟をしよう

■心のハリを〝ピン〟と保つには?

ため息……心配・失望・感動などしたときに思わずもらす大きな息。

このうち、心を削る鉋《かんな》の役目をしてしまうため息は、心配や失望のときのため息です。何か一つのことが終わってホッとしたときに出る（安堵《あんど》の）ため息や、考えごとをして思考が堂々巡りしたときに、リフレッシュするためのため息、あるいは感動のため息ではありません。まず、そのことを申しあげておきます。

伝え聞くところによると、ガッカリ系のため息が多い人は、何か失敗すると人のせいにする傾向が強いとか。しかし一方で、好きな女性のためには正義感を発揮して、何でもやりますという心意気も持っているらしい。

なるほど、ガッカリしてため息が出てしまうくらいなら、こうなったらいい、こうなるはずだと、大いなる期待をして物事に取り組んでいるのでしょう。目標達成のためには何でもするでしょう。自分は全力でやっているにもかかわらず、失敗をするのは自分のせいではない、他の人や条件がいけないのだと思いたくなるのもわからないではありません。

しかし、少し前まで「こうしてみよう」「ああしてやろう」と思っていた前向きでハリがあった心も、失敗を人のせいにしてウジウジしては、しぼんでしまいます。心にハリがない状態になってしまう……。このようなことを昔の日本人は、「心を削る鉋」といったのです。せっかく太らせてきた心が、ため息をつくことで、少しずつ削られて、細くなっていきます。まるで、大きな柱が削られて、鉛筆のような細さになっていくようなものです。そのうち楊枝《ようじ》並みになってしまうかもしれません。

■人生と心に磨きこまれたツヤを出す

この「心を削る鉋」という言葉は、人情噺《にんじょうばなし》などを扱う講談などで使われるときには「人生を削る」といわれることもあります。ガッカリ系のため息が多く出るような生き方をしていると、人生そのものが、やせ細っていくというたとえでしょう。

ガッカリ系のため息が出たときには「ありゃりゃ、こりゃ自分で自分の心を削っているな」と気づくこと。そこから、過去の経験を生かして、気持ちを目標に向かってリセットすることです。そのときには、同じため息でもガッカリ系のため息ではなく、心をリセットするための深呼吸をしてみるのです。

大工さんが使う鉋が木材の表面をきれいに整えて、つやつやした木目を引き出すように、せっかく鉋をかける（ため息をつく）のなら、人生や心に磨き込まれたようなツヤを出すための鉋にしたいですね。

「ため息」という具体的な生理現象で、私たちの心や人生を立て直すことができるのですから、「心を削る鉋」という言葉は覚えておくことをお勧めします。

できれば、誰かがガッカリ系のため息をついたときには「ため息は心を削る鉋っていうんだってさ」とニッコリ笑って、いってあげてください。そうすると自分がガッカリ系のため息をついたときにも、思わぬ効果が表われます。心や人生を今以上に削らなくてもすむようになっていくという効果です。

さあ、おもいっきりリフレッシュの深呼吸をして、つぎにまいりましょう。

ため息は
心を削る
鉋(カンナ)
という

9 七つの慢心――ここに気づいている?

■いつの間にか裸の王様に⁉

時代劇に登場する悪代官、江戸の昔はいざ知らず、今の世の中にはいないだろうと、お人好しにも、思っていたのは浅はかでした（お役人のことをいおうとしているわけではありませんので、あしからず）。今も昔に異ならず、権力まかせの悪行と、火のないところにも煙を立てて、いい方一つで争いの種を蒔《ま》く……そんな人の皮をかぶった邪悪な妖怪《ようかい》みたいなのが、世の中には、いるものでございます。

若いころに聞いた弱肉強食の競争原理を、ゴクリと鵜《う》呑みで、然《しか》りと思い、世の中を、肩で風切る強面《こわおもて》。歩く姿は夜店冷やかすような、ズルズル音立て八の字歩き。

粋がる姿は十年の、星霜めぐれば、角が取れ、肩がぶつかれば「お怪我《けが》はございませんか」のひと言も、いえれば救われようもあるものを、相も変わらぬ張り子の虎。

実るほど、頭を垂れる稲穂であれば、人も世間も認めもするが、実ってさらにそっくりかえる、戻してくれる人とていない、裸の王さま、哀れなり、です。――と、この項は変則七五調ではじめてみました。

さて、右のような人は、仏教でいえば、慢心が作り出した姿。この慢心に七つあり。

①慢《まん》：自分より年齢や能力、地位の劣った人たちに対して完全に上から目線。

②過慢《かまん》：自分よりすぐれている人に対して、私だって同程度だと思い込む。

③慢過慢《まんかまん》：自分よりすぐれている人に対して、○○に関しては私の方が上だと思い、自分のほうが劣っている点については、知らぬ存ぜぬを決め込む。

④我慢《がまん》：自分の力ではないのに、自分の力だと思い込むこと。もともとは、〝我《われ》が〟という頑《かたく》なな思いから発生する慢心を指す。日本では、これが「我をはる」の意味に。「我をはる」は「頑張る」となり、やがて頑張って苦難に耐え忍ぶことから、日本語の我慢の意味になっています。

⑤増上慢《ぞうじょうまん》：自分ではまだわかってもいない境地を、あたかもわかっているように振る舞う。

⑥卑慢《ひまん》：自分よりすぐれた人に対して、自分も及ばずながらいい線いっている、五十歩百歩だと思う。
⑦邪慢《じゃまん》：まったく徳がないのに徳があると思い込む。自分はどれだけ悪いことをしたかを自慢するなど。泣かした女の数や、振った男の数を偉そうにいうことなど。

■人から「慕われる人」「敬遠される人」

誰にでも、覚えがあるような慢心の数々ですが、それはそれとして、自分を磨く反省材料にすればいい。ここで私がいおうとしているのは、そんな健全な心の持ち主のことではありません。人の弱みにつけ込んで、〃ユスリ〃、〃タカリ〃まがいに人の心を追い詰める人。地位や立場を印籠《いんろう》代わりに人のひれ伏す姿を見て一人悦に入る人。歯向かおうとする者あらば、あの手この手で完膚なきまでに打ちのめす。

俗に親分肌といわれる人たちは、人の面倒をよく見ます。面倒を見るから、人がついてくる。人の面倒を見ず己の保身のために威張っているのでは、誰もついてきませんし、慕われることはありません。己の慢心に早く気がついてくれますように。

偉い人が
威張ったんじゃ
シャレに
なりません
芳彦

10 あったか〜い風のような人間になる

■まずは自分のため、つぎに人さまのためでいい

どうも、渋谷系地蔵です。まあ、なんていうかぁ、ノリノリだしぃ〜、いやなことしたくないしぃ〜、ムッチャ楽しいことばかりしていたい、っていうか、ここならそういう楽しいことができそうだって思っている（ある意味で妄想を抱いている）人たちが集まる場所にも、私たち、地蔵はいたりするわけです。

もちろん、渋谷という街が、ファッションや音楽や文化的にも、物事の上っ面のチャラチャラさを求める若者たちの聖地という、ステレオタイプなイメージにとらわれているわけではありませんが、まあ今回は一応そういうノリで……。

流行に敏感ってことは、時代の最先端の風をもっとも感じているという意味だといったのは五木寛之さんだったと思うけど、なるほど、そうともいえちゃうカモです。

ダメだ……渋谷系のマネもこのあたりで限界です。

時代の風は、戦争突入モードの激しい風や、おだやかな平和を求めるわりに過激な側面を持つ強風、経済優先のつむじ風や、先が見えないからと立ち止まる臆病《おくびょう》風、あるいはまた、非情無情の空《から》っ風とか、福祉やエコの爽《さわ》やかな風、無気力が横行するすきま風などさまざま。

その中に「自分がよければそれでいい、他人のことなどどこ吹く風」があります。もちろん、どんなことでも、まずは自分がいいと思うことをするのが基本。楽しさを求めるのはちっとも悪いことではありません。問題なのは、そのために誰かが犠牲になっても仕方がない、そんなことは知らないというそぶくような考え方——じつに自分によろしくない心のあり方です。たとえていえば、自分が食べたいものだけを作って、人には食べさせないようなものです。

■爽やかで、温かい風を吹かそう

日本語で台所は、勝手とも呼びますね。奥さんが好き勝手に料理を作れる場所という意味もあると、私はひそかに思っていますが、その料理は家族のために作られるもの。たくさんの素材の中から、皆の口に合うように自由（勝手）に作るというのが基本。大切な場所だから〝お〟を冠して、〝お勝手〟っていう。

その大切な場所を〝自分勝手〟という場所にして気ままに料理を作り、食べる人のことを知らぬ存ぜぬ、では通らないでしょう（もとより、自分勝手という台所で作られた料理は、誰か他の人に食べさせるためのものではないでしょうが）。

さらに、自分勝手な人は、自分が好きなものは他の人もきっと好きに違いないと、これまた勝手なことを考える傾向に。しかし、自分勝手という台所で作った料理では、誰も食べてはくれません。隣人が勇気と同情をもって口にしたところで、とても食べられたものではありませんし、無理して食べればお腹を壊すのがオチ。

そこで提案したいのが、勝手を「勝《す》れた手」と読むこと。他の人のことを考えて動く、やさしく、しなやかな心の触手。そうなれば、あなたの勝手に、誰も傷つくことはなくなります。あなたの勝手を皆が喜ぶことでしょう。

「自分さえよければ、人のことなど、どこ吹く風」が心に吹きはじめたら、自分勝手の意味を考えて、心に逆風を起こし、とりあえず無風状態にして、あらためて、爽やかで、暖かい、皆を笑顔にする風を吹かせてみたいですね。

自分が
よければいい
……
という考え方は
自分によく
ありません

11 会話を楽しむ、結論を急がない

■「キャッチボール」の極意を知ってる?

人と話すのは楽しいですね。会話は心と心のキャッチボールみたいなものです。

ところが、なかなかキャッチボールができない人がいます。自分のいいたいことしかいわないし、人が話しているときにも、自分がつぎにいうことを考えている。だから相づちさえ打たない。一方通行では会話は成り立ちません。

ひどい場合には、相手の話も終わらないのに自分が話しだして、人の話を横取りする人もいます。こういう人は、とかく自分以外の人やものに対する関心がない場合がほとんどで、これはこれで生き方として問題がありそうですね。

だから、相手のいうことを聞く、相手が何をいいたいのか、何を思っているのか、しっかり聞く「傾聴」という言葉がときどき脚光をあびます。まずは聞くことからスタートしよう、ということです。

傾聴は、キャッチボールにたとえれば、まず相手の球を受けるということです。相手の目を見て、相づちを打ち、相手が話しやすいようにすることです。この人に言葉という球を投げてよかった、そう思うように仕向けることです。心が健全な人はこれを自然にやっていますよね。

しかし、いくら自分の持ち球が多くても、自分だけがズバズバ投げ込むばかりでは会話になりません。キャッチボールの極意は、相手の受け取りやすい球を投げること。変化球や剛速球は、気心が知れている人（何度も会話というキャッチボールを重ねてきた同士）であれば、受けてくれるでしょう。だじゃれや皮肉、グチだってどんと来いです。しかし、心を開いていない人からの諫言《かんげん》や、身の毛もよだつくらい寒くなるだじゃれは、素直に受け取ることはできません。

■人さまとは〝少しずつわかり合う〟のがいい

私が、そんなことを考えているためでしょうか、会話をしていて、「要は何をどうしたいわけ？」「結局何がいいたいの？」などという剛速球を投げてくる人に出会うと、「結論を急ぐなあ……」と思うのです。そしてこんな話を思い出します。

ある少年が不思議な毛糸玉を手に入れました。それは持ち主の一生を表わす毛糸玉だったのです。くるくると糸を引き出すと、普通よりも早く自分の時間が流れます。

少年は、青年になった自分が早く見てみたいと毛糸をぐんぐん引き出します。すると、見事に青年になった自分がそこにいました。青年はつぎに将来どんな仕事をし、どんな人と結婚するのか知りたくなって、再び毛糸を引き出します。このようにして、青年は自分がどんな老後を送るのだろうと、この時間の毛糸玉からぐんぐん毛糸を引き出して……。やがて、人々は毛糸の端を持って息絶えている老人を見つけたということです。

「結局何が……」「要は何を……」といいたくなったら、この話を思い出してみてください。

会話を積み重ねていく中で、お互いの心がわかってくるものです。それまでの会話をご破算にしてしまうような暴投は、なるべくしないでいたいものですね。

要は何をいいたいの?
結局何がしたいの?
……なんて
どうして結論を急ぐの?

12 自分と向き合う「五分間」を持つ

■ご都合通りにいかないのが人生ってもの

この章の前口上にも書きましたが、ご都合通りにならないこと、それを仏教では「苦」といいます。たしかに、私たちが苦しいとか、辛《つら》いと思うのは、自分のご都合通りにならないときですからね。

テレビをつけて面白い番組をやっていないときも苦。イベントが雨で苦。好きな思いが相手に通じなくて苦。体が不調で苦。仕事がうまくいかなくて苦。

逆に、自分のご都合があって、その通りになればラクですね。

楽しみにしていたテレビドラマにチャンネルを合わせてウキウキ。イベント前日から終了まで晴天でご機嫌。好きな人にも思われて瞳にハートが三十個。気力体力が充実して朝からやる気満々。仕事が順調に進んで晩酌《ばんしゃく》のビールがまあおいしいこと、おいしいこと。

私たちは毎日朝から晩まで、ご都合が頭の中にぎっしりと詰まっているのかもしれません。そのご都合が多ければ多いほど、喜怒哀楽という心の揺れも増大します。

ご都合通りになれば喜楽が増え、ご都合通りにならなければ怒哀が増えることになります——と、ここまでが、私たちの感情のメカニズム。

人間は長い歴史の中で、自分のご都合を叶えようと努力してきました。文明の利器といわれるものはほとんどが、私たちのご都合を叶えようとした結果、生み出されたものです。そのおかげで、私たちは喜怒哀楽のうち喜楽を享受しています。

■「小欲知足《しょうよくちそく》」のススメ

ところが、仏教では、喜楽と表裏一体の怒哀（ともに苦の現われです）にスポットをあてて、苦をなくしていこうとします。極端な喜楽という感情を求めなくても、怒哀というマイナス要因をなくしていけば、あるものをそのまま受け入れて、笑顔で、そして自然体で生きていけるというのです。それが、ご都合を少なくしていくということです。多くを望まなければ、それを得られない苦しみも少なくてすみます。これを四字熟語で表わせば「少欲知足」になります。神社やお寺でお賽銭《さいせん》を投げ入れて、あれが欲しい、これが欲しいと願うとき、あるいは信仰心の見返りとして、お賽銭の対価としてのご利益を一心に願うとき、少し冷静に自分の心を探ってみてください。

私が神仏に対して求めている「自分のご都合」は理に適《かな》っているのだろうか、と。

あやしげな霊感商法や新興宗教は、私たちの心の根源的な間違い＝わがままに気づかせないように蓋《ふた》をして、私たちのご都合を叶える方向で私たちを騙《だま》していきます。いい換えれば、私たちのご都合を叶えてくれるナニモノかを、神や本尊《ほんぞん》とします。私たちのわがままな「ご都合」が姿を変えて神や本尊になっているのです。

私は何も、恋愛成就のお守《まもり》や交通安全のお札が、あなたの「わがまま」の形に他ならないというつもりはありません。ささやかな願い、普通に幸せであることへの願いを、お守やお札という身近な形の中に漂わせていることは、人生を豊かにしてくれるでしょう。どこまでが求めていいもので、どこからが危ないのか。このバランスは、自分のご都合について省みる習慣が備わってくると、自然に身についてきます。そして、省みるには静かな時間を持つことが必要になります。

一日に五分でいいですから、心静かな時間を持つことをお勧めします。

自分のご都合を
叶えてもらう
ような拝み方
じゃなく
自分のご都合に
気づくような拝み方を
するんです

13 誰かの「おかげ」に感謝、感謝

■みんな「ご縁」によって生かされている

この本を手に取って、お読みいただいている○○（ご自分の名字を入れて読み進めてみてください。私はそのつもりで書きますから）さん。この本が、どんな縁で今○○さんの手にふれているか、考えてみたことがありますか。

変ないい方ですが、お坊さんはよくそんなことを考えます。それがお釈迦さまの悟《さと》られた「縁起」の法則を自分のものにする方法の一つだからです。そして、その考え方が習慣化すると、世の中がとても温かく、素晴らしい世界であることがわかり、前向きに、笑顔で生きていけるようになるからです。

話をもとに戻しましょう。この本に使用されている紙の原材料の木は、遠いところから来ています。

その原木は誰かの手によって伐採されました。機械で切られたにしてもその機械を操作した人がいます。それはトラックに載せられ、ドライバーによって港へと運ばれます。そこでクレーンオペレーターの熟練された操作で船に積まれました。

材木を積んだ船は、長い航海の末、日本に到着。材木は製紙工場へと運ばれます。その工場で、さらに砕かれ、不純物を取り除かれたりして、やがて、巨大なロールになります。すべてがオートメーション化されていたとしても、その機械を操作している技術者がいます。

やがてロールになった紙は、裁断され印刷工場へ。そして製本屋で製本され、出版社の倉庫へと運ばれます。

そして、書店の注文によって、問屋さんを通して、その中の一冊である本書が◯◯さんにお買いあげいただいた書店に並びました。ここにも、注文を受けて発送の手続きをした人、書店まで運んだ人、書棚に並べた人がいます。

■あなたのために泣き、笑い、怒ってくれる人は？

そして、この本を今、◯◯さんが電車やバスの中で読んでいるならば、電車やバスを安全に運転してくれている人が関わってきます。家で読んでいるとしても、電気の下であれば、電気を作り出し、確実に送電してくれている人たちがいます。

こうした、ものを縁の集合体としてとらえる見方が、仏教でいう「空のとらえ方」ともいえます。〝私が本を読んでいる〟というのは、ある一つの偏った認識の仕方ということなのです。実際には、考えも及ばないほどの莫大な縁の集合体として、ものはあるのです。

さて、物体についてばかり言及してきましたが、私たちが前向きに笑顔で生きていくためには、「物だけでなく、何よりも、今の私自身が、さまざまな縁の集合体なのだ」と見きわめることがとても大切なのです。

自分のために泣いてくれた人、笑ってくれた人、怒ってくれた人、知らん顔をしていた人……それらの縁の蓄積《ちくせき》として今の自分があるということです。日本語では、現在の自分にとってプラスに働いている縁のことを「おかげ」と表現してきました。また、自分に対してなされた行為の中で、プラスに働いていることを「してもらった」といいます。

感謝の心の土台は、こうした考え方なのです。

今日一日
してもらった
ことの
多いこと

14 〝ちゃんとした〟大人になろう

■「若いころは、よくむちゃをしたなあ」

「行動より理屈が多くなったことを老いぼれといいます」

「年寄りに生き甲斐をだって？　生き甲斐をなくした人を年寄りっていうのです」

こんな言葉を見かけたことがあります。なるほどねぇ、と思います。そして、これを逆にいえば、つぎのようになります。

「理屈より行動することが多いことを若者といいます」

「生き甲斐を持っている人のことを若者っていうのです」

本書をお読みの方々の中には「そういえば、夢があったなあ」「若いころはよくむちゃしたなあ」と苦笑いする人もいるでしょう。

よく「若さの特権」といいますが、世の中では、どのようなことがそう呼ばれているのでしょう。月並みになるかもしれませんが、思いつくままに並べてみましょう。情熱・ひたむき・勇気・理想・闘志・懐疑心・自由・発想力・やり直しがきく・時間がたくさんある・肌にツヤがある・自らの可能性を信じる・甘えられる・恥をかける・小さなことで悩む・学割・薄着・恐れを知らない・切り換えの早さ・過剰な自意識・お金がない・おしゃれ・時間の浪費・徹夜・いくらでも寝られる……。

面白いことに、「若さの特権」という言葉は誰の口から出るかというと、その特権を失おうとしている人、あるいは失ってしまった人からが、ほとんどのようです（かくいう私もそう。少々悔しい気がします）。

この項目を書くにあたって、おもに七十歳代の女性たちに「若さの特権」って何だと思いますか、と聞いてみました。そうしたら、驚いたことに、四十歳から五十歳の人たちのことを思い描いて答えてくれたのです。「子育てを終えて、自分のしたかったお稽古《けいこ》ごとができるようになる」とか、「『同じことを何度もいっているよ』といわれないですむ」などです。ちなみにこの項では、「若さ」の年代は十代後半から二十代という前提で、話を進めますのでご了承ください。

■年相応の智慧を持つ、若々しい心を持つ

年を重ねてくるとあらためて見えてくる「若さの特権」ですが、その若さの真っ只中にいる人には、先に紹介したような特権を持っている自覚はありません。

したがって、世間でいわれるような「若さの特権」を、さも「自分の特権」であるかのように勘違いし、むちゃをし、人に迷惑をかける行動を平気でし、「これが若さの特権さ」と自ら豪語することも（たしかに、それもまた若さの特権ですが）。

たとえば、親や親族が同席している結婚披露宴で、新郎新婦に無理やりキスをさせる新郎の友人の行為。花嫁の親族の身になってみてください。人の家の塀《へい》や、公共建物への落書きもまた、無邪気ではなく、幼稚で邪気をはらんでいます。

いたずらは、基本的に人を笑わすのが原則で、人に迷惑をかけることではありません。それがわからないのでは、単に未熟な考えによる、幼稚な振る舞い以外のナニモノでもありません。

幼稚さを脱ぎ捨て、それでいて、心の若さを保つ。幼稚と若さを間違えちゃいけません。

幼稚と
若さを
間違えちゃ
いけませんぜ

15 十人いれば十通りある「幸福感」

■「幸せそうですね」はいっちゃいけません

私は、ときどきうらやましそうに、あるいは皮肉を込めていわれることがあります。

「お地蔵さん、いつもニコニコしながら、気楽そうで、お幸せですねぇ」と。

私は考え方が大人なので「はい、おかげさまで、ありがとうございます」とにこやかに答えます。が、しかし、心の中ではこう思っているのです。

「幸せかどうかは、私が決めることで、あなたさまに決めていただくことではないのですが……」と(こう思うところが大人気《おとなげ》ないですが)。

私たちが日常生活で、軽い気持ちで幸福を論じる場合の価値観は多種多様です。

お孫さんがいてお幸せですね――孫がいるだけで幸せかどうかは、はなはだ疑問です。その孫が「オレオレ詐欺」の犯人だったら……。「ない子に泣きは見ない」と昔の人はいったものです。

今どき仕事があるなんて幸せですね——その仕事のためにうつ病になり、あるいはまた過労死にいたることもあります。

病気一つしないなんて幸せですね——病気こそしないものの、人間関係がうまくいっていない人は世の中にごまんといます。

だから、私は人に向かって、軽い気持ちで「あなたは幸せですよ」とはいわないようにしています。本人が幸せだと思っている人にいえば「うん、自分でもそう思っています」で終わり。幸せだと思っていない人にいっても「あなたに何がわかるのだ」とかえって反感を買うことになりかねません。

もちろん、自分ではそれほど幸せだと思っていないことを、人から「あなたはこういう点が幸せだ」といわれ、「なるほどそうかもしれない」と思い直すこともあります。異なる視点からのアドバイスはとても有効です。

ただし、これは親密度によります。親しくない人から「あなたは幸せだ」といわれれば、相手は困惑するばかりでしょう。（まるで街頭で「あなたは罪を背負っています」「あなたは愛されています」といきなりいわれるようなものです）。

■「幸せだ」と思ったら「ご恩返し」をしよう

私が気になるのは、「あなたは幸せですね」の前に〝他に不幸な境遇の人がたくさんいるのに〟という言葉が省略されていることが、何となくわかる場合。

「不幸な人がいるのに、そういう人のことを救おうともせずに、一人だけ幸せになるというのはいかがなものか」……これはもう皮肉です。不幸というのも、これまたその人の価値観によるものであって、不幸だと思われている当人が、案外不幸だとは思っていないこともあるものです。そして、偉そうにいった本人が（不幸だと思っている人たちに対して）これといって何もしていないときには、いわないほうがいい。とても無責任な発言で、誰も納得できるようなものではないからです。

くり返しますが、軽い気持ちで「あなたは幸せですね」とはいわないほうがいいです。それをいうなら「今日はいいお天気ですね」のほうがずっと人を傷つけません。

大切なのは、自分で自分は幸せだと思えるような考え方や生き方をし続けること。そして、そう感じたら、その万分の一でもご恩返しをしたいもの。だって、その幸せは自分の才覚で得たものではありません。大勢の人たちのおかげのはずですからね。

幸せかどうかは
本人が決める
問題です

16 〃自然体〃でいるのが一番いい

■海、空、星……自然をあるがままに見る

私が生きている意味って何？　私の人生の意味って何？

社会環境が不安定になってくると、そんなことを考える人たちが増えるといいます。社会全体が不安定であれば、大勢の人が同時に悩みはじめますが、子どもと大人の間という不安定な思春期に人生の意味について考える若者も大勢います。

自分の人生の意味を考えてしまうときは、「自分は周囲の状況に影響されて不安なのかもしれない」と分析するのが、不安を抜け出す第一歩になります。

さて、人生の意味について考える前に、ものの意味について考えてみましょう。

およそ、人工の物体には意味がありますよね。役目がある。それを作り出した理由があるはずです。

たとえば、この本にも意味や思惑があります。筆者にも、編集者や、出版社にも、書店にも、そして読者であるあなたにも。この本にはそれぞれの立場の人によって、意味があります。高邁《こうまい》な理想だったり、利益追求だったり、社会奉仕だったり、暇つぶしだったり、教養を高めたり、心の安定剤だったりします。それは同時に、この本に関わる人たち共通の意味を持たせることは、できないということでもあります。どう関わるかによって意味づけが違うからです。人工物というのは、そういうものです。

一方で、自然のものはどうでしょう。石や、草木や、川や海や空や星は、その存在自体に確固たる意味があるでしょうか。たぶん意味づけはされていないでしょう。意味づけされているとしても、それを知るのは神のみ。私たち人間には知る由《よし》もありません。

自然に意味づけをしようなどというのは、人間の傲慢《ごうまん》、思いあがりでしょう。

勘違いしないでいただきたいのですが、意味づけされていないといっても、無駄だとはいっていません。「意味がないもの」＝「無駄」というのは、ご都合主義でかなり危険な発想です。

■人生の意味はありません

それは人生の意味を考えるときも同じです。「意味のない人生」＝「無駄な人生」＝「なくてもいい人生」＝「生まれて来なければよかった」ではありません。「意味のない人生」≠「無駄な人生」≠「なくてもいい人生」≠「生まれて来なければよかった」です。

「意味がない」というのは、意味づけされていないということで、白いキャンバスのようなものです。そこにどんな絵を描こうがあなた次第。あなたの思考や言動が、絵の具や筆です。思ったことや、いったこと、やったことが、人生という白いキャンバスを飾っていきます。中には白い絵の具だけで絵を描く人もいるでしょう。見た目は白いキャンバスのままですが、それはそれで素晴らしいと思います。

人生の意味なんか考えなくてもいいですよ。私たち人間はもともと人工物ではなく、自然の一部です。生きていくこともまた、生き物として自然の成り行きなのだと思います。自然なものに無理に意味などつける必要はありません。

気楽に、生きていこうではありませんか。

生きる意味は
考えても
しかたない
でも
生きてることに
意味を
持たせることは
できます

3章

ちょっと自己嫌悪になったとき

正しいことだけに、こだわらない

前口上　誠実に生きること、人にやさしくなること

私たちの本性は、何のけがれもなく、仏そのもの。本来、素晴らしいものを内蔵しているのですが、自尊心や羞恥心《しゅうちしん》などの欲望におおい隠されているとそれが見えなくなってしまいます。

赤ちゃんを見ると、それがよくわかります。悲しい顔をして生まれてくる赤ちゃんもいないし、邪気がある赤ちゃんもいません。私たちはみんな、みんな、仏さまと同じなのです。『心経』には、こんな部分があります。

舎利《しゃり》さん、いいですか。私たちのまわりの物体やできごとのすべては、空《くう》という性質を持っているんです。つねに変化しているから、固有の実体などないのです。だから、生じる・滅する、汚い・きれい、増えた・減ったなど相対する意識は、仮のもの、自分の偏見に過ぎないと思っていたほうがいいのです。

［舎利子よ、是《こ》の諸法は空なる相《そう》のものにして、生ぜず、滅せず、垢《あか》つかず、浄《きよ》からず、

一増《ま》さず、減《へ》らず：舎利子《しゃりし》　是諸法空相《ぜしょうほうくうそう》　不生不滅《ふしょうふめつ》　不垢不浄《ふくふじょう》　不増不減《ふぞうふげん》」

自分が偉いとかダメだとか、そんな区分けをすること自体が無意味であると説いています。

ここで『山月記』（中島敦著）という物語を例に考えたいと思います。

この物語は、虎になってしまった詩人が、最初は「どうして虎などになったのか」と思っていたのに、いつしか「己《おれ》はどうして以前、人間だったのか」と思うようになっていく、まだ人間の心を残す虎（詩人）の抱く恐怖心を鋭く描いた作品です。

その恐怖を虎（詩人）はこう嘆いています。

「己の中の人間の心がすっかり消えてしまえば、恐らく、その方が、己はしあわせになれるだろう。だのに、己の中の人間は、その事を、この上なく恐しく感じているのだ。ああ、全く、どんなに、恐しく、哀《かな》しく、切なく思っているだろう！」と。

詩を作ったり、本を読んだり、友と笑い泣き肩を抱き合ったりすることがない日常が延々と続く日々——それを虎になった詩人は底無しの恐怖として感じたのです。

この『山月記』の逆を考えることで、私たちはよりよく生きていけるのではないでしょうか。つまり、「人間が虎になる」のではなく、「虎が人間らしく、畜生だった自分が人間らしくなれる」と考えるのです。

傍若無人《ぼうじゃくぶじん》の振る舞いをして人に迷惑をかけ続け、それをよしとしているうちは、真面目に誠実に生きている人たちを「なぜあいつらはあんな面白くもない生活をしているのだろう。バカな奴らだ」と思うこともあるでしょう。

それが、人から感謝されることを少しずつ重ねていくうちに、素晴らしい人間性が過去の自分をおおい隠し、ついには「なぜ私はかつて、あんなひどいことができていたのだろう」と思えるようになれるのです。

さらに、『山月記』では、詩人が虎になってしまった理由を、彼自身にこういわせています。

「人間であった時、己は努めて人との交《まじわり》を避けた。人々は己を倨傲《きょごう》だ、尊大だといった。実は、それがほとんど羞恥心に近いものであることを、人々は知らなかった。――中略――人間は誰でも猛獣使であり、その猛獣に当るのが、各人の性情だという。己の場合、この尊大な羞恥心が猛獣だった。虎だったのだ」

その本性が、やがて外形を内心にふさわしいものに変えてしまったというのです。

これも仏教の智慧の力で逆に考えることをくり返していくと、「なぜ自分はあんなことをしていたのだろう」と思えるようになり、やがてその原因もはっきりしてきます（詩人が虎になった理由がわかったように）。

感情に流されて人や自分を傷つけてしまったとき、困難に出合っていやだいやだと逃げまわり、やすきに流れてしまったとき、自分の中に眠っている素晴らしい自分を起こしてあげてください。

畜生、それは、本能だけで生きている者たちの世界。食べて、寝て、トイレに行って出すもの出して、セックスして、また寝て……。

3章（畜生道）では、放っておくとムクムクと頭をもたげる私たちの畜生的本能について の言葉を、かなり境界線を曖昧《あいまい》にしながらご紹介します。

ちくしょ〜！　今までこんなことに気づかないでここまできたのか、と悔しがる必要はありません。仏の性質を持ち人間らしくあり続けるために、もし心に響く言葉があれば、それを共鳴させ続けてみてください。

17 「いただきます」「ごちそうさま」に思いを込める

■毎日、口に入れる肉や魚を……

私、地蔵が救済を担当する分野は多岐に渡りますが、その中でも日本では「子ども」と「動物」に特に救済力を発揮します。

さて、今回はその動物についてのお話。六道《ろくどう》でいえば畜生道にあたります。本能むき出しで生きている状況です。転じて、日本語で「チクショー」は悔しいときや、相手を罵倒《ばとう》するときにも使う言葉。しかし、これでは動物が気の毒。

「我が家のかわいいペットを、畜生と呼ぶのは失礼な話だ」と憤慨《ふんがい》しないでいただきたい。畜の意味は［囲って飼う動物］［蓄える］［大切にしてかばい、養う］です。畜を分解すると「玄（黒い）＋田」で、［栄養分を蓄えて作物を養い育てる黒い土］という素晴らしい原義を持った言葉ですから。くれぐれも、「あなたの家のペットは畜生ですね」といわれても、あまり目をつりあげないでください。

さて、かわいがっているペットが死んでしまったときに、「亡くなった」と表現する人がいます。普通「亡くなる」は人にしか使わない言葉。だからペットが死んだときには昔は使いませんでした。

かつては人と一線を画していたペットが、時代とともに家族の一員となり、私たちの心を癒《いや》してくれるパートナーとなりました。そうであれば、「死んだ」とはいいづらい。心情的には「亡くなる」を使いたくなる、そんな存在なのだということです。

私は何も、「亡くなる」と表現する人の中で、ペットへの愛情が「溺愛」といっても過言ではない、一部の突出している方々を非難するつもりはありません。幼稚園のおままごとで、なりたい役の上位に、皆からかわいがられ、悪いことをしてもたいして怒られないペットが入ることを、冷やかすつもりもありません。

しかし、わが家のペットを「亡くなる」という方は、毎日の食卓にのぼる、数多くの肉や魚に対しても「亡くなる」という意識を持っているのでしょうか。否、殺されたのだと意識することが、どれくらいあるのだろうと思うのです。

■一つひとつの言葉に〝思いを込める〟

世界の多くの場所で、動物は人間が生きていくための大切な栄養源であり、防寒のための毛皮や、その他の道具作りに必要な骨や角を提供してくれています。そんな場所では「ありがとう、また子孫をつれて私たちのところへ戻ってきてください」という感謝と畏敬《いけい》の念を込めて動物の魂《たましい》を送るお祭りが盛大に行なわれます。

わが家のペットだけでなく、あまねく生きとし生けるものに対して、敬虔《けいけん》な思いを込めて「亡くなる」と表現できれば一番いいですね。

食事の前の「いただきます」と食後の「ごちそうさま」は、亡くなった動植物の命に対しての言葉です。その食材を飼育、捕獲《ほかく》、収穫してくれた人や、流通経路に乗せてあなたの家にまで届けてくれた人、料理してくれた人、後片づけをしてくれる人への「いただきます」や「ごちそうさま」は、そのあとに思いを馳《は》せればいい。まずは、そんな順番で意識してみてください。

やがて、「いただきます」「ごちそうさま」の言葉一つにすべての思いを込めていえるようになるでしょう。

命に対して
ごちそうさま
してから
関係者に対して
ごちそうさま

18 人生は口癖《くちぐせ》で変わる

■つまらない、という前にまわりを見まわしてみる

「つまらない……」が口癖の人はいませんか？　自分のことだけに一生懸命になって視野が狭まって、他のことへの関心や興味がない人に多い口癖です。

どうしてわかるかって？　それは、私が昔そうだったからです（今も、ときどきそうですが）。ジョギングしようと誘われても「自然界を見てごらんよ。我々も動物である以上、走るときは、獲物を捕るか、敵から逃げるかのどっちかの場合しかないんだ。ジョギングなんてつまらない……」なんて答えていたことが、あったくらいです。

すると誘ってくれた相手は呆《あき》れたようにいったものです。

「そういうお前さんの人間性が、一番つまらないんじゃないのか？」

たしかに軽くそのあたりを歩くだけでも、色々な発見があるのに、自分のやりたい

ことしか考えていない結果です。

「つまらない」のもとになる「詰まる」の意味は、水道管が詰まるとか、予定が詰まっているなどたくさんある中で、「論の筋道が通って決着がつく」という意味。「つまるところ、君が正しかったな」などというときの「詰まる」です。これに「ない」がついて「つまらない」。

辞書によると、「一人でつまらない」など、満足感がなくて寂しいの意。「つまらない番組」というときの、おもしろくない、取るに足りない、くだらないの意。「自分ばかり損をしてつまらない」など、ばかばかしいの意。「つまらぬやせ我慢をしたものだ」というときの、やり甲斐がないという意味でも使われるとあります。

寂しい、くだらない、バカバカしい、やり甲斐がないなどは、すべて自分がどう思うかという主観的な心の状態ですから、自分としては、論の筋道が通っておらず、心に決着がつかない状態なので、つまらないということです。

いい換えれば「つまらない」ではなく、心の風通しが「詰まっている」状態といっていいかもしれません。

■〝心の風通し〟をよくしなさい

人の買い物につき合う――つまらない。クラッシック音楽――つまらない。テレビ――つまらない。男（女）なんてつまらない。人生なんてつまらない。

そんなふうに、「つまらない」が口癖の人の目詰まりした心を吹き抜けるのは、めちゃくちゃ過激で、超強烈な刺激だけになっている可能性があります。「メッチャ」とか「チョー」が口癖の人がこれにあたります。

物事をつまらなくしているのは、自分の心です。「つまらないものですが、召しあがってください」などの謙虚な使い方は心を豊かにしてくれますが、他の多くの場合は、自分の心が目詰まりをしたときのチェック項目にしておくと、徐々に目詰まりが解消していきます。

「つまらない……」といいそうになったとき、「自分はこれを楽しんだり、興味を持つことができないでいるんだな」と思ってみてください。

さて、今回の話、ページは文字で詰まっていますが、内容のほうはみなさんにとって、つまらなかったか、詰まったか……。

「つまらない」
という言葉は
心が
目詰まり
したときに
出てしまうのだ

19 損得抜きで考えるとスッキリする

■目が〝計算機〟みたいになっている人

いつのころからでしょうか、「損・得」という言葉を使わなくなりました。

人から「あれだけのことをしてあげたのに、そんな評価しか受けないなんて損じゃないか」といわれたこともありましたが、私には「してあげた」という恩を着せるような気持ちもなく、私のやりたいことに対して、人がどう評価するかは問題ではありません。私がやりたかったという、ただそれだけなのです。

私は、損得を口にする人に出会うと、目に計算機のようにプラスかマイナスが表示されているのではないかと、目の奥の方を覗《のぞ》こうとするぐらいです。

またあるときには「あれだけしかしていないのに、ずいぶんお礼をもらって得しましたね」ともいわれたことがありました。「あれだけしかしていない」ことは自分でも重々承知していますが、だからといって得をしたとは思っていません。過分にお礼を頂戴して恐縮しただけです。これを「得」と表現する人は、両耳が頭蓋骨《ずがいこつ》をつらぬいた棒でつながった天秤《てんびん》のようになっていて、いつも左右のどちらかに首が傾いているのではないかと訝《いぶか》しがり、目を細めてどちらに傾いているか計測したこともあります。

町を歩けば、商店の店先で「お買い得商品」という張り紙を目にします。ものであれば、値段が設定されるのは当然のことで、その商品が値段よりも価値があると思えば「買い得」となり、逆ならば「買い損」になります。しかし、それでも私にはいわゆる「損得勘定」の意識はありません。「買い得」であれば「ありがたい」と思うだけ。「買い損」ならば単に「買うのをやめておこう」と思うだけなのです。

■「ちぇっ」と舌打ちしない

何でも損得で考える人はよく、「ミネラルウォーターはガソリンより高い勘定になる」といいながらペットボトルのミネラル豊富な水を、しげしげとながめてから飲んだりします。

ここで、私がどうやって損得を考えないようになったのか、その経緯をご紹介しておきます。まずものについては、安いか、高いかだけを考えるようにして、損か得かは考えない。売るほうは商売だから損得は大切だが、買うほうは自分にとって安いか高いかだけを基準にしておけばいいのです。

つぎに「骨折り損のくたびれ儲け」などといわれる行為や行動について。この中にサービスや接客を入れてもいいのですが、サービスを受ける側にとってはサービスしてくれる人の気持ちが問題なのです。これに、損得という言葉をあてはめるのは不適当。もし人の気持ちにまで損得という言葉を使いたくなったら、鏡で自分の目の奥を覗いてみてください。きっと電卓のディスプレイが見えることでしょう。

ときによりことにより、損得で考えてしまうことに気がつく訓練をする。そして、損得を別の表現に差し替えてみる。安いか高いか、ありがたいかもったいないか、うれしいか悲しいか……そんな習慣がついてくると、いつの間にか物事を損得で考えないようになれます。損得を考えないようになったからといって、いつも晴れやかな気分でいることはできませんが、「ちぇっ」と舌打ちすることはずっと少なくなるはずです。

損得なんて
言葉を
人生に
あてはめない

20 〝評価〟は自分から求めない

■自慢話をする人は困った人

さてさて、このたびは少々辛口の地蔵であります。

いったい日本でどのくらいの人たちがブログを書いているか、データがないのでわかりませんが、気になるのが「頑張った一日」「まずまずの出来」などの自己満足系のタイトルや「今日はクタクタ」「なんで自分だけ？」などといった同情を求めるグチ系のタイトル。

こういうのは、人さまに読ませるのが前提のブログのタイトルとして、いかがなものかと思うわけです。いくら日記の新しい一つの形式とはいえ、タイトルくらいは、もうちょっと心の内面を掘り下げたものにしたほうがいいと思います。どんなタイトルにするかは全文を書いてからつけたほうが、ずっと深く、そして粋《いき》なものになるでしょう。

では、まずは頑張りを人にわかってもらいたいということについて。

大人は自分のためにやっていることについては、自慢なんかしません。なぜかといえば、それはあたり前だからです。

「今日は自分の朝食を自分で作ったんだ。凄いだろう」などといえば「何をいっているんだ。そんなことあたり前じゃないか。そんなことより、普段誰かに作ってもらっていることに感謝しろ」と逆に日常の不甲斐なさをたしなめられるのがオチです。

「結構苦労して、毎日ブログを更新しているんだ」といえば、「いやならやめればいいじゃないか」とそっけなく対応されるでしょう。

■「グチ」は「バカ」に通じます

そしてグチ。これは自慢話と同根で、相手に共感してもらいたい、賞賛されたいという願望（つまりは計算）が見え隠れします。グチの場合は自分がしたことの評価が自分の期待通りにならなかったときにこぼれます。

グチは漢字でかけば愚痴。じつはこれは仏教語なんです。心を迷わす三つの煩悩《ぼんのう》、貪《むさぼ》り・瞋《いか》り・愚かさのうちの愚かさのこと。サンスクリット語のモーハ（真実に暗いことの意、無知）の訳語。これを音写したのが莫迦、つまりバカです。

自分のためにやっていることを、人に評価をしてもらえるのは、子どものうちです。それをそのまま引きずって成長してしまう大人が少なからずいます。本当は大人になる途中で「自分のためにやっている場合、人からのよい評価を期待するのは間違っているのだ」とわかるべきでしょう。

そして、他の人のためにやっていることについては、「やらせてもらっている」ことで満足すべきなのです。せっかく、他の人や社会や地球のためにやっていることでも、その頑張りやグチをいってしまうと、それを聞いた人は、あなたのやっていることが、他の人のためでなく「自分のため」にシフトしている「イヤラシサ」を垣間見ることになります。

それでも、頑張りやグチをいいたくなったら、どうぞ私、地蔵の前でいってください。私はあなたのやっていることを認めますから。そしてそれはつまり、あなた自身が自分のやっていることを認めることに、他ならないのですから。そうすれば、他の人に自慢話やグチをいう必要はなくなります。

ガンバリや
グチは
ゴクリと
腹の中

21 わからないことは、わからないままでもいい

■「なぜ?」の問いかけが無意味なとき

私が高校生のころです。数学の先生が私たち学生に宿題を出しました。

「明日までに、1＋1＝2を証明してきなさい」

計算の証明? 何をバカげたことをと唖然《あぜん》としました。そんなことは、片手ですむ話だからです。指を一本出して、もう一本出せば、二本になる。これが道理です。しかし、これを証明せよとなると……。

翌日のこと。先生はニヤニヤしながら私たちにいいました。

「どうだ、誰かわかった人はいるか? できた人はいるか?」

手をあげる者は一人もいませんでした。

「何だ、小学校一年生で習ったことすら証明できないのか? わははは。では、教え

てあげるからよく聞きなさい。いいですか、1＋1＝2は証明できないのです」

「……」

「なぜなら、1＋1＝2は、そう決めたから。疑いの余地はないの、というより疑ってはいけないことなんだよ。これを〝公理〟といいます。つまり、誰が何といおうと、泣こうが、わめこうが、笑おうが、決めたことなの。雨の降る日は天気が悪い、悪いはずだよ雨が降る、あ〜チョイナ、チョイナと同じ」

孤軍奮闘《こぐんふんとう》、一人、気を吐く先生を、我々生徒一同は、冷笑ともつかぬ笑みを浮かべて見ていた記憶があります。

■この世には説明できないことがいっぱいある

なぜ、こんなたわいもない話をしているかというと、思えば、この先生は大切なことを教えてくれていたからです（それがわかったのは、私が仏道を志すようになってからですけどね）。

先ほども書いたように、数学の用語の中に「公理」というのがあります。「真なることを証明する必要がないほど自明の理であり、それを出発点として他の命題を証明する基本命題」――これが公理の定義です。証明する必要がない問題は、証明する必要はない。そこで「なぜ？」は無意味なのです。

数学以外の分野でも、世の中にはこの公理がたくさん存在しています。「過去に起こったこと」と「今のこと」は、証明の必要はない公理です。

なぜ、男（女）に生まれたのか――染色体では説明がつくでしょうが、そこから先のなぜ？　は無意味です。

なぜ、この人と出会ったのか――それはこの世の同時代に生まれたから。出会ったことに感謝するもよし、恨むのもまたいいでしょう。そして、そこから先は思考停止をするのです。

なぜ、今、病気なのか――病気の原因は医学で解明できるかもしれません。しかし、なぜ「今」なのかは説明はつきません。

理由がわからないことは、「わからん」としておきましょう。そこを出発点として他の問題を解決していくのです。それが公理に対する対応の仕方なのです。

わからない
ことを
わからない
と
しておく勇気

22 みんなで気持ちよく譲り合おう!

■誰もが〝迷惑〟をかけて生きている

「人さまの迷惑になるようなことはしてはいけません」と、親が子どもにあたり前のことをやかましいくらい、いっていたのは、いつごろまでだったのでしょうか。

「人に迷惑をかけてはいけません」

「それじゃ、迷惑をかけなければ何をしてもいいの?」

「……いいわよ」

こんな会話は、思春期を迎えた子どもがいる家なら、どこでも交わされたことでしょう。しかし、この会話の最後は、本当はつぎのようにしておくべきなのです。

「だけど、人に迷惑をかけないなんてできないの。自分のしたいことを何でもやりたいと思うより、自分はこれをすることで誰かに迷惑をかけていないだろうかと、温かく思う気持ちが大切なの。そして自分も迷惑だと思っても、我慢するの」

しかし、子どものアマノジャクな質問に、何か変だと思いながら「……迷惑をかけなければいいわよ」と答えてしまいます。自分自身が、人さまの迷惑になることを恐れるあまり、自分の好きなことができなかった、してこなかったという悔いのようなものがあるのかもしれません。

その反動として大人たちは子どもに「自分の好きなことをやりなさい」と子どもに教え、そのくせ自分は相変わらず「人に迷惑をかけるのはいけないこと」という枠から出られない。子どもが結婚しても「迷惑にならないように」と別居し、お葬式の費用を蓄え、まだ生きているのに自分でお墓を建てておくという徹底ぶりです。

もっとも気の許せるはずのわが子に対してまで、「迷惑をかけることはいけない」という考え方をしているのです。「人さまに迷惑になる」の「人さま」は「他人」という意味です。他人の中にわが子は入りません。

■「一番風呂は、一人しか入れない」

普通、人が生きていく現場は、大勢の人との関わりの中にあります（無人島での生活などの極端な例は別ですが)。一つ盛りにされた芋の煮物にしても、自分が一つ食べれば他の誰かが一つ食べられなくなります。誰かが一番風呂に入ればお湯をはり替えない限り、同居している人は一番風呂には入れません。

つまり、「人に迷惑をかけるな」というのは「譲り合う気持ちをお持ちなさい」と同じ側面を持っているのです。譲り合うのが面倒だから、一人ひとり別々のお皿に盛りつけ、お風呂はシャワーですませる。それを「迷惑をかけないために」という言葉でごまかしていないでしょうか。そもそも、迷惑というのは、迷惑をかけるほうではなく、かけられるほうが思うことです。

「人さまに迷惑をかけるようなこと」をしてしまった人に猛省をうながすために「迷惑をかけるな」といってしまうことは、これからもあるでしょう。しかし、「では迷惑をかけなければ何をやってもいいのか」と開き直られたら、いってやればいい。

「(他者に対する思いやりである)人に迷惑をかけることと、(自己優先の結果としての)自分は何をしてもいいということが、どう結びつくのか、まず自分で考えなさい」

迷惑かけなければ
何しても
いい
なんて
誰に教わった！

23 他人と比べるのは、もうやめる

■人間は、一皮むけば、皆同じ

人の驕《おご》りには、二つの種類があると仏教では分析しています。

一つは、他人と比較して自分の優位さを誇る「慢」（P61参照）。もう一つがここで取りあげる「驕」。他と比較しないでも起こる驕りのことです。日本語で驕と慢を合わせた「驕慢《きょうまん》」は「驕りたかぶって相手をあなどり、勝手気ままに振る舞うこと・さま」のことです。

うちの先祖は武士だった――あるアメリカ人が「私の出会った日本人の七割が自慢気にそういうのですが、どう考えても日本の人口の七割が武士であったとは思えない」といったことも。国や民を思う気持ちから政を行ない、誰からも慕われたお武家さんであれば、「うちの先祖は武士だった」といってもいいでしょう。ただ、その子孫である当人がどんな生き方をしているかは別問題です。

一代でこれだけの財を成した――人の素晴らしさは、財産があるかないかではありません。その人の人格によるもの。お金や財産があるから偉いとか、逆に貧困の中で生活しているほうが偉いとか、その人を取り巻く状況は関係ないのです。財産がある人が、どのような目的のために財産を蓄え、それをどう使うか、それが人としての真価を問われるところなのですから。

これだけのことができます――人の能力についても同じこと。歌のうまい人が偉いわけではありません。話が上手な人が貴いわけでもありません。パソコンでプログラムが組めることが人格が高いわけではないのです。その能力を身につけるまでの努力は認められてしかるべきです。しかし、人の能力は、その人の人格によい方向で反映されないと、周囲の人は遠ざかっていきます。

きれい、かわいい、かっこいい――こうしたことで驕っている場合も、他と比較しているわけではないので「驕」りです。しかし、何がきれいでかわいくて、どんな顔だちがかっこいいのか、評価は時代、場所、そして人により異なります。仏教には、人が亡くなって、腐っていく姿を毎日墓場まで見に行って、誰でも一皮むけば頭蓋骨は同じようなものであることを、目《ま》のあたりにする修行もあったくらいです。

■感謝の心があれば、一生困りません

このように見ると、「驕」という驕りの心が起こる根拠になっているものは、どれも、栄枯盛衰する浮き草のような、寄る辺《よるべ》にならないものを拠《よ》りどころとしているようです。『平家物語』冒頭の「奢《おご》れる者も久しからず」を思い起こさずにはいられません。ですから、驕りの心が芽生えたら、自分は枯れた細い木の枝を杖《つえ》にして、それに寄りかかっているようなものだと、思ってみるといいでしょう。杖に寄りかからず心を磨いていく。それが人生を歩く足もとを盤石《ばんじゃく》にすることにつながります。

自慢気に何かいう人のことを羨ましがる必要はありません。また、「あんな自慢していたって、いつか落ち目がくる。そのときになったらざまあみろ」と人の不幸を望むような心はもってのほか、早く捨ててしまいましょう。

私たちは地位、財産、能力、容姿に頼らなくても、素晴らしい人生を送ることができるように生まれついています。笑顔で、前向きで、いろいろなことに感謝できることこそが、誰と比較しなくても、立派だと思うのです。

やどかりの
大きさは
背負う
貝の大きさ
ではない
芳彦

24 〝頭〟だけでわかろうとしない

■教訓を〝缶詰〟にしていませんか?

『西遊記』に、三蔵法師《さんぞうほうし》のお供として登場する、沙悟浄《さごじょう》という妖怪《ようかい》がいます。彼はもともと水の中に住む妖怪。三蔵法師の力で人間の姿になり、水から出て天竺(インド)まで旅をすることができるようになります。

この沙悟浄が三蔵法師に出会うまでが、『悟浄出世』(中島敦)という物語に書かれています。この物語の中で、沙悟浄は、我とは何か、魂とは、慈悲とは、智慧とは、人生とは、そして……そんなことばかり考えて、それがためにますます苦悩が深まっていく「願望《ねがい》はあれど希望《のぞみ》なき」生き物として描かれています。

人間の世界ほど体と心がはっきり分かれていない妖怪の世界にあって、沙悟浄の心の苦悩はすぐさま激しい肉体の痛みとなって現われ、ついに痛みに耐えかねて、水底のあらゆる賢人、哲学者、医者、占い師に教えを乞《こ》うために旅に出ます。

多くの賢人を遍歴《へんれき》し教えを聞くうちに、隣人愛の説教者として有名な無腸公子《むちょうこうし》の講義に出席します。ところが慈悲を説くこの聖者は、講義半ばにして飢えにかられて自分の実の子を二、三人食べてしまいます（彼は蟹《かに》の妖精《ようせい》なので、一度に無数の子を卵からかえすのですが）。そしてまた何事もなかったかのように話をはじめます。

このとき、沙悟浄は、はたと思いあたります。自分はこのような本能的な没我的な瞬間があるのだろうかと。いつだって、頭の中だけでわかろうとしているのではないかと。どんなことにもいちいち概念的な解釈をつけてみなければ、気がすまないところに自分の弱点があるのではないかと――このあたりは、雑学自慢や蘊蓄《うんちく》好きな方々には耳の痛いところです。そして沙悟浄は思うのです。

「教訓を、缶詰にしないで生《なま》のままに身につけること、そうだ、そうだ」

■先人たちの教えを毎日に生かそう

これを地蔵流にいえば、「教えを、経典の中にしまっておかないで、生活の中で実践していくこと、そうだ、そうだ」となります。

感謝が大切だと声高に叫びながら、「ありがとう」と滅多にいわない人。

健康さえあれば他は何もいらないといいながら、「お金がない」とグチる人。

コミュニケーション力が重要ですと熱弁をふるいながら、ちっとも他人に興味を示さない「対人関係講座」の講師。

心安らかに生きましょうと説教しながら、「お布施はお気持ちでいいですよ」と人の心を悩ませるお坊さん（お坊さんからは異論もあるでしょうが、まあ、仲間うちで話し合ってみてください）。

世の中にすぐれた教えは数多くあります。しかし、それらを缶詰のままにしておいては、何の意味もありません。一つでも実践してこそ、生きてくるのです。薬は飲まないと効きません。

先人たちの教えは、毎日の生活の中に生かしてこそ、私たちの人生を輝かせてくれます。たやすいことではありませんが、「願望《ねがい》あっても希望《のぞみ》なき」という生き方ではもったいない。社会的に偉い人にはなれなくても、素敵な人になることなら、自分の努力でどうにでもなります。あなたの行動次第です。やってみましょうよ。

薬の効能書きを
いくら
読んでも
病気は
治りません

4章

ついつい損得に目がいってしまうとき

争いごとに、エネルギーを使わない

前口上　勝ち負けにこだわらないと、人間関係がもっとよくなる

この章はまず『心経』のこれまでの続きからスタートします。

(もう一度まとめますけどね)すべての物体や、考え方だって、いつも同じということはないのです。体も視覚も聴覚も味覚も臭覚《きゅうかく》も、触った感覚だって、ときにより状況により異なるということです(違うから面白いのです。誰でもどこでもいつでも、皆さんが同じように思い、考えたらつまらないではないですか。同じでないから面白い。世の中は空《くう》だから面白いのです)。

「是《こ》の故《ゆえ》に、空の中《なか》には色もなく、受《じゅ》も想《そう》も行《ぎょう》も識《しき》もなく、眼も耳も鼻も舌も身も意もなく、色も声も香も味も触も法もなし。眼界《げんかい》もなく、乃至《ないし》、意識界《いしきかい》もなし:是故空中無色《ぜこくうじゅうむしき》　無受想行識《むじゅそうぎょうしき》　無眼耳鼻舌身意《むげんにびぜつしんい》　無色声香味触法《むしきしょうこうみそくほう》　無眼界乃至無意識界《むげんかいないしむいしきかい》」

―― 悩みや苦しみの原因も、一定不変ではなく、悩みや苦しみだって変化してラクに

なったり、はり合いになったりするのです。

〔無明《むみょう》もなく、亦《また》無明の尽《つ》くることもなし。乃至、老も死もなく、亦老と死の尽くることもなし：無無明《むむみょう》　亦無無明尽《やくむむみょうじん》　乃至無老死《ないしむろうし》　亦無老死尽《やくむろうしじん》〕

決まりきったことなどはないのです。（おもいきったいい方をすれば『心経』の目的の）般若（智慧）にしたって、〃智慧はある〃なんて思わなくてもいいのです（そんなことにとらわれないことのほうが、ずっと大切なのです）。仮に「智慧を得た」と思っても、智慧の実体などありはしないのです。そもそも、得たと思うあなただって、確固たる存在ではなく、まことにアヤフヤな存在なのですから。

〔苦も集も滅も道もなく、智もなく、亦得もなし、得《え》る所《ところ》なきを以《もっ》ての故に：無苦集滅《むくじゅうめつ》道《どう》　無智亦無得《むちやくむとく》　以無所得故《いむしょとくこ》〕

人はどうして争うのか……。「争」という字は「両方から、取り合う」という意味。つまり争うには、あるものを取り合うという意味があります。「闘」という字のもとは「鬪」さらに「鬥」がもとで、これは二人の人間が立って切り合っている姿を表わ

しています。人類はこうした闘いをくり返してきました。

そのためでしょう、世界の神話の多くに戦いの神が登場します。インド神話で有名なのは、阿修羅《あしゅら》という神さま。心が安らかになるようなことは決してありません。その戦場のことを「修羅場」というのはご存じの通りです。

この阿修羅はやがて仏教の守護神として取り入れられることになりますが、生来戦闘好きの神さまですから、そう簡単におとなしくなるはずもありません。

その心を表わした言葉が阿修羅心——仏さまみたいに悟《さと》ることができたら、素晴らしいだろうなぁと思いつつ、でも、浮世は浮世で面白いことがたくさんあるからなぁと踏み出せないでいる心のこと。何だか、あちこちにありそうな心ですね。

そんな心を持っている阿修羅が、仏教の守護神として落ち着くまでには、ずいぶん葛藤《かっとう》があったことでしょう。その葛藤から抜け出すキッカケになっただろうと思われる言葉が、先の「得る所なきを以ての故に」です。

「何か」という対象物も、諸行無常の原則の通り、私たちの前に仮の姿を見せているだけ。時間や価値観などの条件（縁）によって、姿を刻一刻と変化させていきます。

そして、対象物だけでなく、それを得る人や心も変化し続けているのだから、得ようがないというのが「得る所なきを以ての故に」の意味です。

仏教では、阿修羅が戦い好きになってしまったのは、右のような道理がわからない無知と、自分こそはという傲慢《ごうまん》さ、そして、思い通りにならないことを我慢できない怒りだと分析しました。真実を見抜く智慧の欠如と、思いあがりや人を見下すという傲慢さ、そして我慢することができない狭小な心根が、いつの間にか膨《ふく》れあがり、ついには阿修羅の姿となり、平和な家庭や、和気あいあいの職場、調和の保たれている社会をも修羅場にしてしまいます。

修羅道は、勝ち負けばかりにこだわる世界。日々、戦いに明けくれ、ひとときも心が休まることがない世界です。権力や損得の経済の世界にいる方々を筆頭に、経済大国に住む私たちが、もっとも入り込みやすい世界といってもいいかもしれません。

4章（修羅道）では、修羅場とは縁のない、心安らかな心になれるような言葉をラインアップしてみました。そろそろ、勝ち負け、損得から脱出した生き方をしてみませんか。

25 人の言葉に素直に耳を傾ける

■「気持ちはわかっても、同意できない」

「あなたの気持ちはよくわかりますよ。でも、その考えには同意できません」

こんなことをいわれると、たいていの人はへこみます。

「どうして？　わかってくれるんでしょ。それなら、同意だってしてくれるはずでしょ。応援だってしてくれてもいいじゃないですか」

ついそういいたくなります。

たとえば、誰かにいじめられて悔しい。だから報復してやろうと思う……。その話を聞いた相手はあなたが悔しかったことも、その悔しさを晴らすために報復しようとする気持ちもわかると答えています。そのような人の心理はわかるといってくれているのです。

しかし、考え方によっては悔しがる程のことでもないかもしれないし、いわんや報復したところで心が晴れることはなく、「あのような生き方しかできないとは気の毒だ」と相手は同情しているかもしれません。

あなたのいうことはわかる、あなたの気持ちはよくわかる、というのは、だからあなたの考え方に全面的に賛成であるという意味ではないのです。

ここを誤解すると、「私の気持ちがわかるなら応援すべきである」という我田引水《がでんいんすい》的思考の潮流に身を任せ、その流れが相手の「でも同意はできないよ」という言葉で塞《ふせ》ぎ止められると、「さっき、わかるっていったじゃないか」とわがままな感情が堰《せき》から溢《あふ》れ出し、逆ギレすることにもなりかねません。

まず、相手がこちらのことをわかろうとしてくれているやさしさを、冷静に、感謝の心で感じたいもの。そのうえで相手があなたの気持ちをまず受け入れてくれたように、相手の「こうしたらいいのに」というアドバイスにも耳を傾けたいですね。

■話を聞いてもらえるのは、ありがたいこと

それができずに、自分の主張だけを相手に理解してもらい、賛同してもらいたいと

いう気持ちばかりがあるようなら、今度はその心のあり方を掘り下げましょう。

自分は誰かに、この思いを共有してもらい、賛同し、応援してもらいたくて仕方がないのかもしれない。そんな、自分一人では処理できない心の葛藤を、今、私は、抱えているのだな、と。私はまだまだだな……と。

そう思えるようになるには時間がかかるでしょう。しかし、そこまで冷静に自分の心を見ることができたら、きっと相手への感謝の心がわいてきます。同意してもらえずに溢れ出た感情の激流が、いつの間にかおだやかな流れに変わり、相手への感謝という温かな流れとなって、我田だけでなく、他田へも水を引く心の余裕が生じてくることでしょう。「今日は話を聞いてくれてありがとう」「この間は、すみませんでした」――そんな言葉が出れば、心の葛藤がかなり緩和された証拠です。

それでも心がスッキリ晴れないようなら、道端にいる私、地蔵に向かって手を合わせてみてください。そして、しばらくそこで時間を過ごしてみてください。きっと私の声が聞こえてくるでしょう。――いつだって、私はあなたのことをわかろうとします。あなたが素晴らしい人生を送るのを応援していますよ。私はあなたの味方です。私はあなたの、本当の、あるべき、素晴らしい本性なのです――。

気持ちは
わかるけど
同意
できない
芳彦

26 一歩、そして二歩下がる勇気も持つ

■勝つことも、負けることも知る

適当な水準を越えている、過度な経済競争のことを過当競争というのですね。私は経済に疎《うと》いので、若いころは「勝とう！ 競争」だと思っていました。幸いにも日常の中でこの言葉を使うことがなかったので、恥をかかないですみました。

さて、世の中には競争の中に身を置かなければならない人もいます。それはスポーツでも、政治でも経済の世界でも仕方のないことでしょう（でも、勝者は敗者に対して労《いたわ》りの心も持っていたいものです）。

しかし、一方で競争をしているわけではないのに、「これは競争だ、戦いだ」と勝手に思い込んで必死になる人がいます。高速道路を走っていて他の車に追い越されると、ナニクソとばかりに再び追い抜く人もいます。あちらの車はトイレが我慢できな

くて、単につぎのパーキングエリアまで急いでいただけかもしれないのにね。

このような勝ち負けにこだわった人物の代表格が、武蔵坊弁慶という人。強い人の代名詞にもなっています。

浪曲の中に、弁慶にまつわるセリフがあります。

――人間なんてぇものはね、強いばかりが能じゃない。勝つことを知って負けることを知って進むことを知って退くことを知らなくっちゃいけない。

弁慶なんてえなぁ強すぎた。俺は強いぞ力があるぞって有る力ていうものはね、蔵（にしま）っておいていざっという時出すと値打ちがある。匹夫の勇（思慮分別なくやみくもに血気にはやるだけの勇気）なんてぇもの役に立たない。

どうですあの弁慶は自分の力ぁ人さんに見せようって、表ェ歩くんだって空身じゃ面白くないって色んなもの背負って、そいで足りなくってあの長い薙刀《なぎなた》ァ持って五条の橋の真ン中で振り廻した。

■「がむしゃら」過ぎると、自分を見失う

そこィいくと、牛若は利口だよ。ねぇ笛吹きながら弁慶を一目見て「おーこれは強

そうだ。こういう奴にジカにぶつかったんでは敵わない人間の力には度のあるものよ何時か此奴は疲れるであろう、疲れたところを飛びこんでやってしまおう」ってんで、身が軽いからあっちィ飛びこっちィ飛び。そいつを知らねぇから弁慶一生懸命追っかけた――。

この話で私が面白いと思うのが冒頭の二行。勝ち続けることにこだわっている人を見ると、この言葉を思い出します。それに関連ある言葉の「負けるが勝ち」も、しょせん「勝ち負け」思考。他と比較して優位に立ちたいという思いが土台になっています。この考え方から離れない限り、心は安らかな境地になることはないでしょう。

そして、「進むことを知って退くことを知る」という言葉では、昔の私を思い出します。イケイケドンドンで、がむしゃらに「仏教だ、仏教だ。生き方といえば絶対仏教しかない」と思い込み、人に説教してまわっていたころのことです。苦を取り除き、心安らかな境地を求めるはずの仏教を、わが身と周囲の人を追い立てるムチのように使っていたことがあるのです。

一歩も二歩も下がる勇気も持ちたいもの。それでこそ、物事の真の姿が見えてくるものです。

進むことを知り
退くことを知ってこそ
勝つことを知り
負けることを知ってこそ

27 「自分は正しい」という思い込みを捨てる

■相手にもそれなりの理由がある

私、地蔵も、修行している最中ですから、私よりもずっと物事の道理がわかっている仏さまに、いろいろ注意やらアドバイスをしてもらいながら暮らしています。

さて、あなたが親切心で忠告したにもかかわらず、相手がそれを意に介さず、気にもせず、勝手にひとりよがりで振る舞って、挙句の果てに失敗をする。そんなとき、何かいいたくなりませんか。

まず、自らの優秀な先見性を相手に思い知らせる言葉を発射する！

「だからいったじゃないか」「それみろ、いわんこっちゃない」「人のいうことを聞かないからだ」と。

相手が失敗することをちゃんと予測していたのだ、といわんばかりの言葉です。

続いて、相手がいうことを聞かなかったことへの怒りと、相手を突き放し、もはや援助の手が差し伸べられることはないという、情け容赦ないセリフを投入！

「どうして、お母さんのいうことを聞けないの！　もう知りませんからね」とキレる。

「本当に君って人の忠告に耳を貸さないよな。そのうち誰からも相手にされなくなるぞ」とつき合っている彼女に対して呆れる。

「君は、何度いえばわかるんだ。まったく学習能力のない奴だ」と部下を叱る。

このような容赦のない言葉によって、いわれた人は、自分が失敗したことの反省よりも、その人のいう通りにしなかった罪悪感がわいてきます。

否、この項は、いわれた人の心の傷についていおうとするつもりはありません。いったほうの心のあり方を探ってみようというのです。

そもそも相手がいうことを聞かなかったのには、それなりの理由があるはずです。忘れていた、たいして重要だと思わなかった、まさか失敗するとは思わなかったなど。

もちろん、こうした理由は「取るに足りない」「いい訳にもならない」ものでしょう。しかし、だからといって、まったく理由がなく、あなたのいうことを聞かなかったわけではありません。呆れるような理由ではあっても、それなりの理由があるのです。「盗人《ぬすっと》にも三分の理」という言葉があるくらいですから。

■「だからいったのに」は意味のない言葉

失敗した原因や、人の忠告を聞かなかった理由について、相手に考えてもらう——そのための言葉なら、つぎの成功につながります。

しかし、ともすると、自分のいうことを聞かないことに対して怒っている場合があるものです。「どうして失敗したのだ」と考えさせるのではなく、「どうして人のいうことを聞かないのだ」と怒ってしまうのです。

そして、その土台にあるのが「自分のいうことは正しい」という思い込み。それが「だからいってやったのに」という恩を着せるような言葉になってしまいます。

私は、「だからいったのに」とか「どうして人の忠告に耳を貸さないのだ」といいたくなるなら、最初からアドバイスなんかするなと、いいたいのではありません。身近な人の失敗を防ぐために何かいってあげることは、やさしさの表われです。

それを、相手が失敗したとしても、持続させてみてください。やさしさを怒りに変化させないで。難しいけれど、人生にはその練習の機会がたくさんありますから。

いうことを
聞かない
のには
それなりの
理由が
あるのです
芳彦

28 鬼の顔と仏の心を持つ

■仏さまのやさしさと怒りを知る

仏さま方の目は、どうして無表情なのかと思ったことはありませんか。人々を救うのだから、もっとやさしい目をしていてもよさそうなのに、と思いませんか。

特に皆さんと仏像の目の高さが同じくらいの場合には「何、下見てるの？」と思わせるほど、伏目がちで静かな目をしています。まあ、一般的には、須弥壇《しゅみだん》と呼ばれるステージみたいな台の上に、そしてさらに蓮《はす》の台座の上にいらっしゃるので、皆さんが拝むときには見あげる形になります。その結果として、視線の先に皆さんがいらっしゃるので、まるで見守っていてくれるように感じられることでしょう（もし見下されていると思ったら、あなたはそうとう偏屈です）。

仏さまは、瞑想《めいそう》されているので、あのような視線になります。半眼《はんがん》といいます。目を大きく開いたのでは視覚情報が多くて瞑想どころではなく、心が迷走してしまいます。反対に目を閉じてしまっては眠くなるので、これまたアウト。

ところが仏さまたちの中には、お不動さまに代表されるような怒りの形相《ぎょうそう》をしている方々がいます。それは、私たちの煩悩《ぼんのう》（いい人になろうとする心を邪魔する心のあり方）を消すためには、静かな瞑想だけでなく、怒るレベルくらいの燃えるようなエネルギーが必要だということです。

そして、大切なのは、仏さまたちのそのような怒る目は、限りない慈悲から発せられるということ。人の道にはずれたことをしそうになったときには、私たちが恐怖のあまりすくんで動けないくらい恐ろしい形相になり、それを止めようとするのです。

■親の小言と冷や酒はあとから効いてくる

苦言と同じように、相手にとっていい気はしないでしょうが、その人のためにあえて見せる、怒りの表情もあるものです。いつも甘い顔ばかりしているのが、能ではありません。

自分が誰かのことを怒るときには、「親の小言とナスビの花は千に一つも無駄がない」の言葉もありますが、「親の小言とあいつの怒り、万が一にも無駄がない」と思ってもらえるような怒り方をしたいもの。

そして、自分が怒られたときには、「親の小言と冷や酒はあとから効いてくる」ではありませんが、「奴の怒りと冷や酒は、ともにあとから効いてくる」くらいに受け取れるような謙虚さも持ち合わせたいものですね。

そして、これらとは逆の場合もあります。笑っているその心の奥に、人の心を冷淡に切り裂く刃《やいば》を持つ剣《つるぎ》のような心がある場合です。

人を蔑《さげす》み、バカにしたような嘲笑《ちょうしょう》。人を騙《だま》して自分が得をしたときに出る卑怯者のせせら笑いや薄笑い。敗者を前にしての不敵な、勝ち誇ったような笑い。自分のことを省みずに他人の欠点をあざわらう、猿の尻笑い。

「笑う目尻の剣もあれば、怒る目元の慈悲もある」――昔からあるこの言葉は自分が笑った目のはしに剣はなかっただろうか、怒ってしまったけどその土台にやさしさがあっただろうかと、わが身を反省する材料としてとらえないともったいない。

笑う目も、怒る目も、あとからでいいから、半眼の気持ちで、そのとき自分の心はどうだったのか、それを見つめる静かな時間を、ときどき、持ちたいものです。

笑う目尻の
剣もあるが…
怒る目元の
慈悲もある

29 相手に対する思いを忘れない

■恥を承知で頭下げ、男を上げた博打打《ばくち》ち

私は群馬県、榛名《はるな》山麓《さんろく》の大戸の関所に住む地蔵です。人呼んで私のことを忠治地蔵。今回は、なぜ私がここにいるかをお話ししましょう。

私の住んでいる榛名山と関越自動車道を挟んで雄大な姿を示すのが、ご存じ赤城山。江戸時代にはこの麓《ふもと》の国定村に、長岡忠治という博打打ちがいました。

わけあって博打打ちになったこの忠治が、まだ駆け出しの二十八歳のころです。忠治は期間限定の博打を主催して、近隣の親分衆に顔を知ってもらおうとしました。

ところが、忠治がその場所に選んだのが、今の栃木県の足利市郊外の八木の宿から程ないところ。そしてここは、今はもうすっかり落ちぶれてしまったけれど、昔は大した親分だった福井の勘蔵の縄張り。残念ながら三年前から病の床について、子分も

今は、通称「チビの大三郎」が残るのみ。寝たきりの親分を一人で世話していました。

あるとき、勘蔵親分がか細い声で、大三郎を枕元へ呼びました。

「表を通る人の噂話で聞いたが、上州国定村の忠治って奴が、ことわりもなく俺の縄張りで賭場《とば》を開くんだってな。俺はこんな体で文句一ついえずに悔しくて仕方ない。いっそ、喉《のど》を突いて死のうと思ったが震える手で突き損じたら恥の上塗りだ。だからおめぇのその手で俺の白髪首をたたき切ってくれ」

「いや、親分、その話は私も二週間ほど前から聞いていますが、忠治の噂は聞けば聞くほど、どうも親分や私が思うほど悪い奴じゃなさそうです。だから、その日が来るまで待ってやってください」

そういって親分をなだめた。しかし、博打当日になっても忠治からは何の音沙汰もない。そこで、大三郎は死ぬ覚悟で単身、忠治の賭場へ乗り込み、そして忠治と対面した大三郎は、こう切り出しました。

「やい成り上がり者の忠治。ここは俺の親分福井の勘蔵の縄張りだ。残念ながら今は、明日をも知れぬ命だがな。いいか忠治。日の出を拝む人あれど、入り日を見送る人はねぇって、それが世間の習わしだ。ところが俺たち博打打ちはそれじゃ通るめぇ」

こう啖呵《たんか》を切られて、自分の非を知った忠治は大勢の人の前で頭を下げて、その日の博打のアガリを見舞い金として、詫《わ》び状を添えて大三郎に持たせました。

■「人にしてもらったこと」を忘れない

しかし、親分の枕元で詫び状を読もうと帰宅した大三郎が見たのは、裏庭の片隅の井戸に身を投げ、変わり果てた親分の姿でした。そして残された遺言状の「ヤクザはつまらねぇ。俺が死んだら足を洗って堅気《かたぎ》になれ」に従い、見舞い金の中から立派な葬式を出したあと、江戸深川の材木問屋へと働きに出ます。

一生懸命働いて、堅気になって十五年。独立して材木商になった大三郎の元に「国定忠治が榛名山麓大戸の関所で、厄年四十二歳で処刑された」との噂が舞い込みます。

そこで大三郎が考えた。自分がこうして堅気になって暮らしていけるのも、あのとき恥もかまわず頭を下げて見舞いの金を包んでくれたあの忠治のおかげだ……。それからほどなくして、忠治最期の場、大戸の関に六尺余の石の地蔵（つまり私）が建てられました。その台座には「江戸深川　材木問屋　上州屋主大三郎」と。

日の出を拝む人あれど……こんなことを世間の習わしにしちゃいけません。

日の出を
拝む
人あれど
入り日を
見送る
人はない

30 相手の立場に立って行動する

■いつかは自分も歳を取る。だから……

「子ども叱るな来た道だもの、年寄り嫌うな行く道だもの」とは、昔からいい伝えられている有名な言葉ですが（「嫌うな」は「笑うな」の場合のほうが多いかもしれません）、不思議なことに、この言葉に共感するのは六十歳から七十歳の女性の方々が圧倒的に多い。それが日本の現状のようです。

若い人からすれば、高齢者が「年寄り嫌うな」とはどうしてだろうと思います。「私を嫌わないで」という懇願の意味だろうかと思います。しかし、その事情を聞くと、高齢化社会の実態が見えてきます。この言葉を座右の銘にしている方々の多くは、お年寄りの介護や、そのボランティアをしているご婦人たち。福祉やボランティアに一般の人が関わる歴史があまりない日本では、まだまだ多くの人が「よいことをしているはずの自分が、わがままなお年寄りに嫌悪感を覚え、体の自由がきかないお年寄りの緩慢《かんまん》とした動作にイライラする」ことで、自責の念にかられるようです。

そこで、この言葉を書いて目につくところに置いて、ボランティア精神にもとる自分の心のあり方の立て直しをしているらしいのです。

■弱者から学べる人になる

未来の自分の姿を、そのまま見せてくれる老人介護の現場。介護する方々にとってはとても他人事《ひとごと》とは思えないでしょう。

この「ヒトゴトとは思わないで、自分の心を磨くこと」を仏教では「同事《どうじ》」といいます。相手の立場に立って行動できる人は、結果的に多くの人々から慕われて、ますます相手の気持ちを摂取できるようになり、人々を救うことにつながっていきます。

そこでこの「同事」に、物惜しみしない「布施《ふせ》」・やさしい言葉を使う「愛語《あいご》」・相手のためを考える「利行《りぎょう》」の三つを加えて「四摂《ししょう》」といいます。

この、相手の立場に立って考えてみることは「わが身をつねって人の痛さを知れ」ともいいます。子どもの言動にブチギレる親は、自分が子どものころのことを思い出してみるといい。よくよく思い返せば「自分のほうがひどかったかも」……そう思えば子どもに対する態度も変わります。「それでもここまでひどくなかった」と思ったところで、実際は自分が子どものころとあまり変わりばえしないでしょう。その証拠に、紀元前から大人は「近ごろの若者は……」とグチをこぼしていたのです。

自分だって子どものころは、たわいないことをしていたはず。些細《ささい》なことで子どもを叱ることはやめ、どっしりとかまえて見守るか、別ないい方で諭《さと》す術を考える。

木に登って遊んでいる子どもを「危ないから降りなさい」と叱るのではなく「落ちないように登りなさい」ということだってできるのです。

子どものときに叱られて、いやな思いをしたのであれば――そしてそれが大人になった今でも考えて納得のいくような理由がないのなら――激昂《げっこう》に任せて子どもを叱るのをやめたほうがいい。そうしないと、「悪の連鎖」を断ち切れなくなります。

自分も年寄りになるのだから、自分は若いからといってお年寄りをいやがれ（笑え）ば、自分もそのときになったら、いやがら（笑わ）れます。それを覚悟しているかと、この言葉は教えてくれます。社会的弱者といわれる子どもとお年寄りですが、大事なのは、彼らから学び今の自分の心の強さを養うことなのではないでしょうか。

子供叱るな
来た道だもの
年寄り
嫌うな
行く道だもの
芳彦

31「心配」せずに「心を配る」

■相手を思ったつもりが……

数ある人の気持ちの中に「心配」という思いがあります。

親が子を、妻が夫を、夫が妻を、上司が部下を、このままでは何かまずいことが起こりそうだと気にかける。

ところが、この「心配」は少々やっかいな側面を持っています。それは、心配する人は相手に対して何らかの反応、リアクションを期待しているということなのです。

勉強しない子どもを心配して、このままでは将来苦労する（つまりこれがまずいこと）だろうから、「学生の本分は勉強だからね、ちゃんと勉強しなさい。叱っているんじゃない、お前のことが心配だからいっているんだ」という。

お酒を飲み過ぎる亭主の体を心配して「飲み過ぎないようにね」という。

思ったことをそのままいってしまう妻のことを、人の心を傷つけることを心配して「あまりズケズケいわないほうがいいぞ」とたしなめる。

その場の空気が読めない部下に「そんなことじゃ、この先、仕事でもプライベートでもろくなことにならんぞ」と心配する。こうしたことは、相手のことを思って発せられる言葉です。ところが、心配したほうは、自分の心配に対して相手が言動を軌道修正してくれないと、イライラしたり、怒り出したりします。

「何度いえばわかるんだ」「だからいったじゃないか」「せっかく注意してあげたのに」――これらは、相手が自分の心配に対して、ちゃんと対応してくれなかったことによって発せられる言葉です。

■「心配」は往復ハガキのようなもの

その意味で心配は、往復ハガキのようなもの。往信として、こちらの心を「配達」しているのです。そして、相手から返信がないと、差出人は不愉快になるのです。

ところが、返信はなかなかできるものではありません。心配してもらっても、そう簡単に、あるいは素直に、指摘された点を直すことなどできません。相手から心配という往信をもらっても、返信できないことが多いのです。それぞれ事情があるでしょうから、どうしようもありません。それを返信がないからといって怒ってみても、仕方ありません。

であるならば、「心配」のあとに「り」をつけてしまうのです。「心配り」です。

これなら返信はいりません。勉強も楽しいものだと親自身が勉強する姿を見せればいいのです。飲み過ぎてだらしなくなった亭主の面倒をとことん見て、相手に自責の念を起こさせたり、思いのままの発言をされて傷ついた人のことを話したり、部下の机の上に「read the air」と茶目っ気たっぷりに書いておくのも一つ（ちなみに、「その場の空気を読む」をちゃんとした英語でいうとsense the atmosphereあるいはread between the linesだそうです）。

昔から、チャランポランな生活をしている放蕩《ほうとう》息子に親戚のおじさんが「死んだ両親が墓の中で心配しているぞ」といいますが、これはたぶん嘘です。

亡き人はこちらに対して「心配り」に徹しているはず。その心配りに応えるか、応えないかは、あなた自身の生き方の問題。亡き人の知るところではありません。

心配しないで、心配りをしちゃいましょう。

心配しないで
心を配る

32 いやな思いを引きずらない

■エネルギーは前向きなことだけに使う

アメリカの社会心理学者、ホームズとレイの研究に、ストレスと病気に関するものがあります。一九六七年の資料ですから、かなり古いのですが、今でもさまざまなものに引用されます。

これは、配偶者の死に直面したときの精神的ストレスを一〇〇としたときに、人生の他の出来事がどのくらいの数値になるかを調査したもの。それによると、離婚七十三・夫婦別居六十五・懲役六十三・本人の病気や怪我《けが》五十三・結婚五十・解雇四十七・退職四十五・家族の健康上の大きな変化四十四・仕事不適応三十九・経済的変化三十八・夫婦喧嘩《げんか》三十五・大借金三十一・配偶者の就職・失業二十六など。

これらの数字の合計が年間いくつを越えるようなら、どのくらいの確率で病気になるかという研究です。

ストレスは精神的、肉体的な負担という意味ですが、これを精神的な意味に限定すると、私たちが負に費やす心のエネルギーともいえるのではないかと思うのです。

そこで、負だけでなく、正のエネルギーも一緒に考えてみると面白い。日本で長者番付の上位にいつも名前があがる方と話したとき、こんなことをいっていました。

「私はどうして、企業が脱税をするのか気がしれないのですよ。だってそうでしょう。脱税の方法を考えるエネルギーがあるのなら、それをどうやって商品を売るか、いい商品を作るかというエネルギーにしたほうがずっといい。脱税してうしろめたい気持ちで、ばれないようにコソコソして——。負のエネルギーなんか使うことはない。前向きなことにエネルギーを使って、公明正大に商売をして、払うべき税金はちゃんと払えばいいのです」

同じエネルギーを使うのなら、マイナスではなく、プラスの方向で使えばいい……じつに、気分爽快、あっぱれとはこのこと。天まで晴れ渡るような考え方ではありませんか。そこでさらに、このエネルギーの論法を進めてみましょう。

■人を恨むぐらいなら、人を許す

人を恨むエネルギーと、人を許すエネルギーはほぼ同じ数値ではないかと、私は思うのです。ときどき、「あの人のことは絶対に許さない」「決して許せない」と、頑《かたく》なにいう人に出会います。そういわれると、こちらまでその負のエネルギーに包み込まれて、その先の話はできなくなります。

決して許すことができない誰かがいる人は、気のおけない友との、何気ない会話の中でも、そのことに関連するような話題になっただけで、一瞬で身も凍る吹雪《ふぶき》の中に身を置いたような気になることでしょう。それほど、「恨む」「許さない」という負のエネルギーは凄まじいものがあります。

その莫大な負の心のエネルギーを、相手を「許す」ほうに向けても、エネルギーの数値自体は同程度ではないかと思うのです。相手を許すためには、相手のさまざまな情報と、それを温かく分析する心が必要になりますが、せっかくの一生を、マイナスのエネルギーのマグマをため続けて生きるより、心を安らかに、平らにして生きていったほうが、ずっといいではないか、そう思うのです。

167　争いごとに、エネルギーを使わない

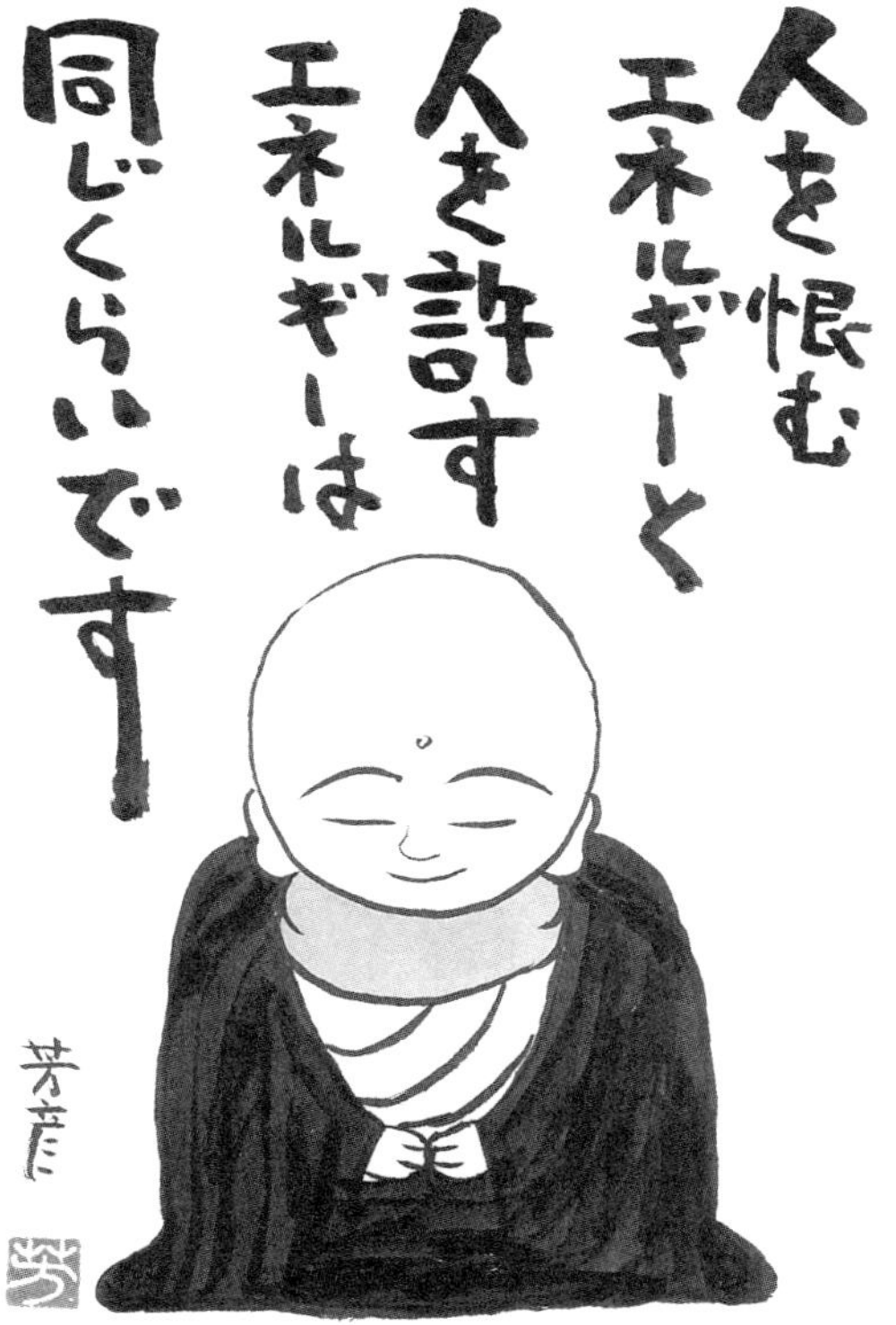
人を恨む
エネルギーと
人を許す
エネルギーは
同じくらいです

33 「堪忍袋」と「智慧袋」の袋を大きくする

■堪忍袋の緒が切れた人

人のあやまちを我慢して許すこと、怒りを抑えて許すこと、これが堪忍《かんにん》。そして堪忍袋は、堪忍する心の広さを袋にたとえた言葉。この袋の入り口は、紐《ひも》で縛るタイプらしく、昔から「堪忍袋の緒が切れる」といういい方をします。緒が切れると紐が緩んで中身が飛び出してしまいます。この緒を、切れないように固く結んでおいても、他の場所が破けて中身が出てしまう。

堪忍袋に詰まっていたものの中で、〝我慢〟が溢《あふ》れ出せば「もう堪忍（勘弁）できない」となります。あるいは〝怒り〟が飛び出せば「我慢していればいい気になって、ふざけるな」となります。また〝許さない心〟を袋の中に詰め込んで、相手を許していたのに、袋が裂ければ「もう許さんぞ」ということになります。

日本で堪忍袋の緒が切れたことで有名なのが、浅野内匠頭長矩《あさのたくみのかみながのり》。江戸城は松の廊下で、吉良上野介義央《きらこうずのすけよしひさ》に刃傷《にんじょう》。殿中《でんちゅう》で刀を抜けば、御家は断絶、身は切腹が決まり。それをわかっていたはずなのに、堪忍袋の緒が切れて凶行に及びました。

初太刀《しょだち》で上野介の額《ひたい》に傷を負わせたものの、そこへ梶川與惣兵衛《よそべえ》がうしろから内匠頭を羽交い締め、「殿中でござる。殿中でござる」と制止。それでも怒りのおさまらない長矩は「止めてくださるな梶川どの。武士の情けを知るならば、せめていまひと太刀。打たせてくだされ梶川どの〜っ」と必死の形相……。

刃傷沙汰《にんじょうざた》となれば、結果として定法通り、その身は即日切腹、御家は断絶、赤穂城《あこう》は開城というお仕置きにあいなります。しかし、堪忍袋が破れたのは城主だけではありませんでした。家老の大石内蔵助《おおいしくらのすけ》以下四十七名も、上野介と幕府の対処の仕方に堪忍袋が破けて、「亡き殿、残念相続のため」吉良邸に討ち入るという……ここから先は『忠臣蔵』でどうぞ。

■転んだ分だけ、うまく起きれるようになる

浮世では、私たちのもののいい方一つで、仲良くもなれば、喧嘩にもなります。許

さないとか怒りという感情は、冷静な判断を失なわせるだけでなく、その人自身の一生を台なしにしてしまうことがよくあります。

そこで、その怒りをしまっておく袋が必要になります。短気な人は、この袋をよく破いてしまうようですが、そんなときには「シマッタ」と思いましょう。それから破れたところを縫い合わせるという作業をするのです。

中には、内匠頭のように、わかっていて自ら堪忍袋を破く人もいるでしょう。知らぬ間に破れている場合もあります。破れるたびに、縫っておきたいものです。

当座は応急処置みたいなもので、つけ焼き刃のようですが、それでも、堪忍袋が破れたことに鈍感になるよりはいい。私たちはくり返すことで賢く、懐《ふところ》が深くなっていくものです。七転び八起きのたとえの通り、あきらめないで続けていきましょう。七回も転べば、一回目よりは転び方だって熟練するはず。起き方だってうまくなっていきます。それが智慧。これを入れる袋が智慧袋です。

そう、私たちは堪忍袋を首にかけ、智慧袋をたすき掛けにして、お袋から生まれてきました。堪忍袋を大きくするチャンスは怒りがわいてきたときです。智慧袋を大きくする好機は苦悩したときです。

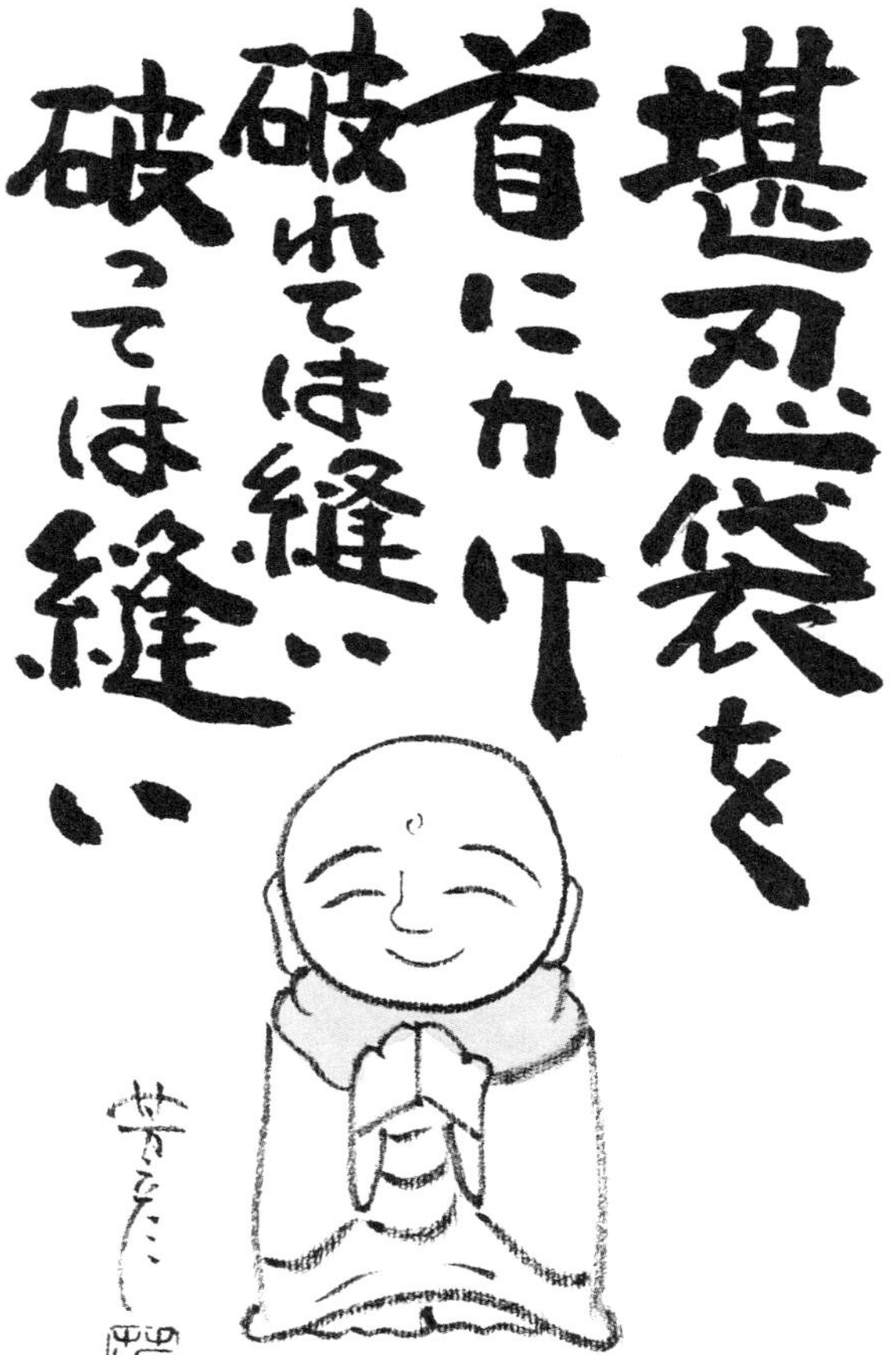
堪忍袋を
首にかけ
破れては縫い
破っては縫い

5章

小さなことにクヨクヨしない、考え過ぎない

「とらわれない」心を持つ

前口上　〝見えるものだけ〟がすべてではない

『心経』は、ここまで、私たちを取り巻く世界が空《くう》であることを、比較的細かく説明してきました。地蔵流の訳もなるべくわかりやすく解説してきましたが、じつはここまでの内容は、観自在菩薩《かんじざいぼさつ》が自分の体と心について悟《さと》った内容だともいわれています。色《しき》を肉体のこと、受想行識《じゅそうぎょうしき》を精神活動と考えると、それがいっそうはっきりします。

自分のこの体（色）も、目や鼻や耳などの感覚器官（受）も、受けた情報を脳に送ること（想）も、脳に届いた情報を認識すること（行）も、認識した情報をそれまでの知識を総動員して確定すること（識）も、色受想行識という五つの要素（五蘊《ごうん》）は年齢とともに変化したり、病気で機能しなくなったり、経験によってそれまでと異なった認識の仕方になるなど、一定ではないというのです。

観自在菩薩は、この「さまざまな縁が絡《から》んで影響し合い、変化し続けて、固有の実体はない」という空の原則が、自分の肉体と精神活動だけでなく、どんなことにもあてはまることを知ります。ここからが、仏教の面白いところです。

私たちは空という原則から逃れることはできない。

しかし、その空の原則に気づかないと苦しいことが増えてきます。そして、空の原則に気づいて、それにとらわれ、「今の私の気持ちも空だ」「あの人の今の状態も空だ」と生きたのでは、空の原則に振りまわされ、再び苦しみが増えてしまいます。

理想は、空の原則を体得したうえで、空の原則にとらわれない智慧を身につけた生き方です。こうなったとき、私たちは六道《ろくどう》から抜け出ることができるのでしょう。この智慧のことを般若波羅蜜多《はんにゃはらみった》といいます。『心経』はここから、この智慧を身につけた仏さまたちについて述べます。

（これ以上詳しくいっても長くなりますから、とりあえず、般若波羅蜜多という智慧を身につけて生きるとどうなるかというご利益についてお伝えしましょう）

じつは仏教の菩薩たちも、この般若という智慧によって、心が自由になって、とらわれがなくなり、晴々とした心境になったというのです。心が自由で伸びやかになったので、いかなるものに対する恐怖心もなくなりました。

［菩提薩埵《ぼだいさった》は、般若波羅蜜多に依《よ》るが故《ゆえ》に、心に罣礙《けいげ》なし。罣礙なきが故に恐怖《きょうふ》有《あ》ること

なく：菩提薩埵《ぼだいさった》　依般若波羅蜜多故心無罣礙《えはんにゃはらみったこしんむけいげ》　無罣礙故無有恐怖《むけいげこむうくふ》」

罣礙は邪魔するものという意味。心を邪魔するものがなくなった、開放されたということです。空という教えにさえこだわりがなくなったと、取るべきでしょう。『心経』ではさんざん空についての説明をしておきながら、ここではその教えにこだわることはない、それが本当の空なのだということを隠して述べていると思われます。

（菩薩たちは）物事をありのままに見られるようになりました。しかし、現実を無視した、理想論に安住したわけでもありません。こうして悟りへと向かっていくのです。

「一切の顛倒《てんどう》せる夢想を遠離《おんり》して涅槃《ねはん》を究竟《くぎょう》す：遠離《おんり》一切顛倒夢想《いっさいてんどうむそう》　究竟涅槃《くぎょうねはん》」

過去・現在・未来の仏さまたちも、この般若波羅蜜多という智慧を体得したからこそ、この上もない悟りの境地にいたることができたのです。

「三世の諸仏も般若波羅蜜多に依るが故に、阿耨多羅三藐三菩提《あのくたらさんみゃくさんぼだい》を得たまえり：三世諸《さんぜしょ》

―仏《ぶつ》依般若波羅蜜多故《えはんにゃはらみったこ》　得阿耨多《とくあのくた》　羅三藐三菩提《らさんみゃくさんぼだい》」

この部分は修行中の菩薩だけではなく、如来（仏）たちも、この智慧を身につけていたからこそ悟ることができた、と説いています。

そして、人間にとってかなり皮肉なことが書かれています。ひっくり返ったようなものの見方（顛倒）や、現実と向き合わず「こうであったらいいのに」と夢のようなこと（夢想）から遠く離れ（遠離し）て、というのは、私たちがいかに顛倒夢想しているかを指摘している気がするのです。

これからご説明する人間道とは、私たちが今、暮らしている喜怒哀楽の入り交じった世界のこと。

そこで5章（人間道）では、私たちの生活に密着していると思われる人間関係の中での心の問題に関連する言葉を選びました。

ありがたくも、かけがえのない命を受けた、私たちが生きるこの世界。その世界で、すでに心の開放を得た菩薩という先輩たちのあとを追いかけるための標識として、これらの言葉が少しでもお役に立つことを願っています。

34 「出る杭《くい》」は、みんな叩こうとするんです

■自慢にならないことを自慢気に語る人はツマラナイ

「出る杭《くい》は打たれる」——この言葉には二つの意味があります。

①すぐれた者、頭角を現わす者は、他の人からねたまれ、憎まれて邪魔をされる

②余計なことをする者は、他の人から制裁を受ける、仕返しされる

今回の言葉は、①の意味をもとにしてあります。

杭はふつう並んでいます。この杭が他と同じ高さならいいのですが、一本だけ高いと気がすまない人がいます。叩きたくなるのです。どれほど努力してその杭が出てきたのかなんてことは考えないで、他の杭と高さを合わせることが物事を丸くおさめる秘訣だと屁理屈《へりくつ》をいったり。とにかく自分より高いことが気にくわないなんて場合も、ありそうですね。

誰かが少し有名になると、学生時代を知る人（ほとんどは友だちでもなく話さえしたことのないような人）が「あの人は今じゃ偉そうにしているけど、昔はね……」と人から聞いたようなことを自慢気に語ることもあります。

「私だけが知っている」的なことをいいふらして、その人の過去をおとしめたところで、自分が偉くなるわけではないのに。自慢にならないことを自慢気に語るとは、おお、なんとツマラナイことでしょう。

■叩かれても、へこんじゃいけません

自分に自信がない人がよく口にする「私の友だちの友だちは○○で」という自慢話も同様です。それで自分が偉くなるわけでもないのに錯覚してしまうのです。だいたい（話したこともない）友だちの友だちは……残念ながら、他人です。

出る杭を打つハンマー役は、自分の価値をあげるどころか、逆に周囲からは蔑《さげす》みの目で見られるのがオチです。同じハンマーならば、自分自身を反省するために、自分の心を叩いて、他の人の成功を羨ましがるようなヤワな心を鋼《はがね》のように丈夫にしたほうが、ずっといいです。

そして、出る杭は、せっかく努力して、やることをやって功成り名を遂げるような結果になったのですから、卑屈なハンマーに叩かれたくらいでへこんではいけません。精進努力した結果として、他よりも出たのだから堂々としていればいいのです。へこんじゃいけない。

出る杭自身は、出ようと思って出たわけではありませんから、自分の努力に対して、自分で正当な評価をすればいいのです。他の杭より出てしまって申し訳ありませんというような、相関関係にもとづく謙虚さなんか必要ありません。もし持つとすれば「私はまだまだです」という、他と比較しない謙虚さでしょう。

これに対して、他の杭よりも出てやろう、他の杭どもを見下してやろうと思って出た傲慢《ごうまん》な杭は、ふんぞりかえっているばかりですから、放っておけばいいのです。ニヨキニヨキ出るに従って、反《そ》った背中が逆Uの字みたいになって、再び頭が地面にもぐることになるから、叩く程のこともないのです。

出る杭は、ますます堂々とした、そしてまっすぐな杭になってください。

出る杭は
打たれた
くらいで
へこんじゃ
いけません
芳彦

35 評価に振りまわされない

■「生き方」は人の評価に影響を受けない

世の中には「人からどう思われるか」が大切なことがあります。それらの多くは「悪く思われる」ことよりも「よく思われる」ことが目標になります。芸能人はいうに及ばず、政治家も有権者から、職人だって作ったものが人から喜ばれることが大前提です。会社の社員もお客さまの満足を得ることが土台になっているでしょう。

つまり、世の「仕事」といわれるもの（狭義では金銭的な対価としてやること）は、すべからく「人からよい評価を得るために」努力しているわけです。

ですから、仕事に関して批判をされたとしたら、「別に、私は人からどう思われようとかまいません」とはいえません。

和菓子の職人さんの場合でいえば、「あなたのお饅頭《まんじゅう》は、季節感がありませんね」

といわれたら、「そんなことは私の知ったことではありません」とはいいません。だって、人に喜んでもらえるような和菓子を作ることが彼の仕事なのですから。

ただ、「季節感はないかもしれませんが、一年中つねにおいしいものを作ってお客さまに喜んでもらえる和菓子を作っているのです」ときっぱりいうことはできます。

一方、人の評価に影響を受けないものがあります。それは、私たちの「生き方」です。それも自分で納得している生き方をしている場合。

自信を持って生きていることについては、人からとやかくいわれたり、笑われたりする筋合のものではありません。早口言葉ではありませんが「わらわは笑われるいわれはないわい」といったところです。

■「人からどう思われようとかまわない」のウラにあるもの

ところが、「あなたは他人の面倒を見過ぎです」「あなたは上にバカがつくくらい真面目だねぇ」と生き方について批判めいたことをいわれたときに、「私は人からどう思われようと別にかまいませんから」と声を大にして反論する人がいます。

この答えに対して「本当にどう思われようとかまわないと、心底思っている人はそんなことは口に出していわないでしょう」と返答すると（かなり意地悪ですが）、おそらく言葉に詰まります。それは、心のどこかで、自分の生き方を人に認めてもらいたいと思っているからでしょう。つまり生き方自体が、人からよく思われることが基準になっている可能性があるのです。

極端なことをいえば、仕事が生き方そのものになっている、仕事が生き甲斐になっている人たちにとっては、人生そのものが、他人の好評価を得るためになってしまう、つまり人の評価に左右される人生になってしまうことにもなります。

そして、自分が自信を持っている生き方について「あなたのそんな生き方じゃ、世の中渡っていくのは大変だよ」といわれて、「どう思われようと別にいいですよ」と、相手とつながっている糸を切りたくなったら（これを「キレる」というのだと思うのですが）、「本当はどう思われようとかまわないとは、思っていないかもしれないな」と、キレた心をつなぎ直してみてください。

人の評価などに振りまわされない人生を送るために、自分が自信の持てる生き方をしてください。仕事なら人の評価を気にすることは当然ですが、自分で納得している生き方については、気になんかしなくていいのです。

人にどう思われ
ようと
かまわない
と思う人は
そんなことは
口にしません

36 身の丈に合ったやり方をする

■人が食べられる量は決まっている

多くの種類の料理を食卓に並べて、お客さんが自分で好きなものだけを好きなだけお皿に取って食べるバイキング料理。

このバイキング料理の会場で、よく目にする光景が、食べ切れないほどお皿に盛りつけている人。また、こうした人の多くは、よかれと思って人の分まで運んできてくれるのです。同じテーブルの人たち全員が、こうした善意によって、うんとこさ山盛りの料理を運んできますから、さあたいへん。とても食べ切れるものではありません。

結果として、全員席を立ったあとに残るのは、累々《るいるい》たる食べ残しのお皿。飽食の時代とはいえ、バイキング料理が日本で食べられるようになってから何十年もたつのに、いまだにこうした光景を目にするのは、何とも情けないし、何よりもったいない。

食に対する人間世界の浅はかさを物語っていると思うのは、私だけではありますまい。食べられる量をわきまえて、胃袋の程を知って、おいしく、そしてきれいにいただくスマートさをわきまえたいものです。

■一生懸命過ぎるのはよくない

さて、何かに挑戦するときも、設定した目標が身の程に合っているのか、やり方が身の丈《たけ》に合っているのかは、途中で何度かチェックしたいもの。

遮二無二《しゃにむに》猪突猛進《ちょとつもうしん》で事にあたり、なりふりかまわず突き進んだ挙句、疲れ果ててしまう人がいます。

自分には手に余るような荷物（課題）を抱え続けた挙句、途中で荷物を全部投げ出してしまう人、気がついたら途中で荷物をバラバラと落としてしまっていた人、へたり込んでも荷物を放さず途方にくれる人……。一生懸命なのはよいことですが、一生懸命過ぎるのはよくありません。

身の程をわきまえて、身の丈に合ったやり方をしないと、物事はうまくいきません。こうしたときに頼りになるのが、他の人からのアドバイス。

自分のことは自分が一番わかっていないとは、よくいわれる言葉です。同時に、他人は驚くほど客観的に人のことを見ているものです。そのアドバイスに耳を傾けることです。

「無理してそんなに背伸びしなさんな。足元を見てごらんよ。伸びあがり過ぎて、もう足が地についていないよ」

そんな言葉で、足元を見る余裕が生まれたりします。

「もう、そのくらいにしておいたほうがいいよ。あなた一人じゃ手に負えなくて、みんなまで巻き込んでいるのがわからないのかなあ」

こんなアドバイスで、ハッとして周囲を見渡すこともできます。

本当は、他の人のアドバイスをもらうまでもなく、自分自身で、途中で何度もチェックするに越したことはありません。夢中になっていると、なかなか難しいですが、アドバイスをもらったり、自分でチェックして、身の程を超えていると知ったら、あるいは身の丈に合っていないとわかったら、目標設定を一段低いものに変更したり、ペースダウンする勇気を持ちましょう。

頑張らなくていい
身の程知って
身の丈に
合わせて

37 人は「死んだらおしまい」ではありません！

■「どうしてお葬式をするの？」

まだ私が仏道を歩きだす前のことです。そのころ私は、仏道という道を歩かずに、仏教を勉強していただけでした。

あるとき、十歳ぐらいの男の子に聞かれました。

「どうしてお通夜とお葬式をするの？」

私はありったけの知識の中から、子どもにわかるように説明したつもりでした。

――日本では、人が死んじゃった世界（黄泉《よみ》の国）は、この世と逆になっていると思われているんだ。いろいろなことがひっくり返しになっている。だから着物は普通左側が上になるけど、亡くなった人に着物を着せるときには、右側を上にする。

そうすると向こうの世界ではちゃんと着ていることになる。夜と昼もこちらと逆。

つまり、夜みんなで亡くなった人を送ると、あちらでは昼間送ることになる。だからお通夜をやるのだ――と。

■「思い出」と「おかげ」を振り返り、見送る

お葬式は、こちらの世界に住んでいる人が中心になって、亡くなった人を送るのだ。昔は、送るときにはいろいろものを飾って行列してお墓まで行った。それが今の霊柩車《れいきゅうしゃ》という不思議な車の形になっているんだよ。行列したり、お墓に埋《う》めたりするのに夜じゃ暗いでしょ。だからお葬式は、明るいときにやるんだよ――。

それを聞いた子どもは、ぜんぜん納得していない様子でした。そりゃそうでしょう。言葉の語尾だけは子ども向けですが、内容は学問的に研究されて導き出された研究成果だったのですから。とにかく、当時はそんな内容を伝えることが精一杯の私でした。

しかし、お通夜やお葬式は、どんな宗教であっても、送る人々の根源的な思いのほうが先のはずです。親しい人を亡くした悲しく、せつなく、寂しい思いが葬送の儀式へと形作られてきたはずなのです。

明日はお墓に埋められてしまう人の最後の夜を、たった一人で過ごさせるのは、か

わいそうだ。だから、みんなで最後の夜を過ごしてあげよう——この温かい人の思いがお通夜になった。

そして、亡くなった人を、私たちのそばにそのままずっと置いておくわけにはいきません。この世とは違ったあの世（浄土・黄泉の国・天国など）へ送らないといけない。それがお葬式になった。

聞くところによると、病院で亡くなった方をそのまま病院や葬儀場の霊安室のロッカーに入れて、朝になったら火葬場へ直行することが多くなったとか。

理由は、お金がかかるためなのだそうですが、そこには、お通夜の心情も、お葬式の思いも欠けているように思われるのです。単なる「死体処理」という冷酷ささえ感じられるのは私だけではないでしょう。

明日は焼かれてしまう亡き人のそばで、最後の夜を過ごし、過去の多くの思い出を、おかげをふり返る時間。そして翌日に、尽きぬ名残りの中で「たくさんの思い出をありがとう」と見送る時間。そんな時間と空間をしっかり取ったほうがいい。

「人は死んだら終わりだよ」とサバサバいう人の多くは、自分で勝手に終わりにしてしまっているような気がするのです。

思い出
を
ありがとう

38 泥水でもきれいに生きる

■念ずれば花開く

「念ずれば花開く」と彫《ほ》られた石碑を、どこかで見たことがありませんか。

これは仏教詩人坂村真民《さかむらしんみん》さんの言葉。

坂村さん自身の筆によるこの石碑が全国に五百以上あるはずですが、詳しくは知りません。ただ、いろいろなところで見かけます。

この真民さんが好きな花の一つがタンポポ。その理由の一つは、綿毛になったタンポポは風に飛ばされて、どこに落ちてもそこでしっかりと地面に根をはる力強さを持っているからだそうです。

橋の下でも、空き地でも、アスファルトのほんの小さな隙間でも、家々の前に置かれたプランターの中でも、タンポポは綿毛が落ちたところでしっかり根をはって生き続けます。「ここはいやだ」とはいいません。

タンポポだけではありません。

荒波打ち寄せ、海風がまともに吹きつける崖《がけ》の岩肌にしっかり根をはる松も、黒々とした木肌をまとい、孤高の人を思わせます。

雨樋《あまどい》に溜まった土や腐葉土《ふようど》のようになった落ち葉の中から、若い芽をすっくと伸ばし、屋根をわたる風に細い葉をゆらす草。

泥の中から茎を伸ばし、葉を水面に広げて、清楚な花を開く蓮《はす》。

その茎も葉も花も泥色に染まることはありません。

住めば都という言葉がありますが、植物たちにとって、そんな悠長なことはいっていられないのが現実でしょう。その意味で、植物はまるで、どこでも生きていけることを、そしてそのたくましさを、私たちに教えてくれるようです。

■「庭の隅のタンポポ」と「崖《がけ》の上の松」

しかし、私たちは植物と違って、「住めば都」と思うこともできます。新しい場所に移ってもしばらくすれば、それなりに楽しい生活を送ることができるものです（もちろん〝郷に入っては郷に従う〟くらいの柔軟性は必要になりますが)。

それでも、今の場所はいやだという人はいるかもしれません。

しかし、その土地の習慣が合わないとか、雰囲気がいやだからといってそこから逃げたところで、しょせんはどこへ行っても同じこと。

私は何も場所のことだけを、いっているのではありません。場所の変化は、とりもなおさず、私たちを取り巻く「状況の変化」ということです。

リストラで職を失った、結婚した、子どもが生まれた、親と同居することになった、離婚した、定年になった、病気になった……それは、タンポポの綿毛が飛ばされて、その状況に落ちたのと同じことです。

庭の隅のタンポポのように、崖の上の松のように、屋根の上の草のように、泥水の中の蓮のように、たくましく、そして、きれいに生きていきたいものですね。

生きる場所
そこにも
あるのか
屋根の草

39 人の失敗に寛容になる

■生きることとは、失敗と経験を積み重ねていくこと

人は歳を取ると頑固になる……本当だろうかと思う。頑固は、「頑《かたく》なに固い」。何だかもう救いようがないという印象を受ける。同じことなら「確固たる信念を持っている」といってもよさそうです。

長い間、人生を生きてきた。それはつまり膨大な経験の蓄積ということ。

何十年も前の「人生におけるはじめての記憶」からスタートをして、子ども、青年、そして大人に。その間の、何気ない日常の中での、夢、行動、挫折、後悔、そしてチャレンジ……。

自分のことを中心に考えていた時代もあり、友人との友情に泣き笑いしたことも、裏切りにあったことだってあるはず。家族第一主義の時期もあり、仕事人間になるこ

とだってあったでしょう。

愛に溺れることもあったかもしれない。誰かの相談に親身になって答えたこともあるはずです。人生なんてつまらないと思ったこともあれば、普通が一番幸せなのかと自問自答したことも。勝ち負けにこだわっていたときもあったろうし、金がなければ何もできぬと思ったり、病気をして健康が一番だとしみじみ思ったりしたことも思いあたるのではないでしょうか。

その意味では、人は皆、同じような人生を歩んでいます。多くの失敗を経験に変えつつ、三歩進んで二歩さがるような人生です。――人生、あとから見れば、杖《つえ》をついたり、ころんだり――とはよくいったもの。

その長い人生（これは大いに主観的なものだが）の中で、「これはこういうものだ」と固まってきます。信念ができてくる。頑なに思うようになる。

■信念の土台は「温かさ」

人には親切にしたほうがいい。

あるいは逆に、人に親切にしても、ろくなことはないという処世術的なものもあります。親切というのはつまりお節介であり、それが相手のためになるのかならないのか見きわめることのほうが、親切にすることよりも大切だという精神論もあります。さまざまです。

「歳を取ったら女房を大切にしなさい。これは愛情じゃありません。生きる智慧です」という言葉まで見かけるくらいです（テレがあって何とも愛情が感じられると思いますが）。「歳を取って凄いのは許せることが増えること」というのは、年寄りが若い人の失敗に対してそうであって欲しいという、私の願望です。

あなたも多くの失敗をしてきたはず。

自分の経験から、失敗する原因も、その対処法も心得ているはずです。自分は失敗してきたのに、若者のそれは許さないでは、あまりに身勝手です。

年寄りには、やさしさ、温かさこそを信念の土台にしてもらいたいと思います。

歳を取って
すごいのは
許せることが
増えること

40 まず心を磨く。外見はそれからでも遅くない

■髪の毛がなくなると、気苦労もなくなる?

どうも。いつもブラブラし、道端にいて、皆さんの願いを聞き取っている地蔵です。

ところで、多くの仏さまたちの中で、私だけ持っている特徴をご存じですか。

それはクリンクリンの坊主頭ということ。地蔵仲間には、曼荼羅《まんだら》の中にいる菩薩らしい地蔵もいるし、カブトをかぶっている戦士のような将軍地蔵なんかもいますが、まあ日本では基本的に、坊主頭です。だから、坊主頭の仏像を見たら、まあ私だと思って大丈夫(偉いお坊さんの銅像とか彫刻は別ですけれどね)。

つまりお坊さんの格好をしているのが私であります。衣姿《ころもすがた》のユニフォームに坊主頭。あちこち行ったり、道端に立っているのには好都合です。なぜって、髪の毛を剃《そ》ってさえいれば、櫛《くし》やブラシでセットする必要もないし、風に髪の毛が乱れても洗面所の

鏡の前で髪をなでつける手間もいりません。

同じ衣姿なら、今日は何を着ようかなと、タンスを開けてあっちを引っぱり出し、こっちを引っぱり出す時間も節約できます。

もうおわかりでしょうか。髪の毛がないというのは、それにかかわる気苦労と労力をなくす効果があるんです。一般的には、世俗の象徴である髪を剃ることで、脱社会、脱世俗的価値の意思表示をしているともいわれます（実際に囚人《しゅうじん》は世間から離れるという意味で、髪の毛を短くしている国もあります）。しかし、髪の毛に煩《わずら》わされないですむというのが、実用的な目的だと思うのであります。

髪の毛や着る物に気を使うより、自分の心を磨く、悟りへの修行に邁進《まいしん》する、困難な状況にある人々が立ち直れるように手助けする――これらのことに全精力をつぎ込みなさいという意味なのです。

■道中、なるべく身軽な方がいい

かつて、お釈迦さまは、こんなことを弟子たちにいったことがあります。

「仏の道を目指すために出家したのなら、歌舞音曲《かぶおんぎょく》には関わってはダメです。だって、そういうものに首を突っ込むと、どうしても歌や踊りの技術の習得に時間がかかるでしょ。歌を上手に歌いたくなる、踊りだって上手になりたくなる。その時間があるなら、仏道修行にその時間を使わなきゃ。ねっ！」（とウィンクまではしなかったでしょうけれど）

悟りを目指すなら、歌や踊りにいそしむよりも、他にもっとやることがあるはずで、その目的達成のために障害になるものには、なるべく手をつけないほうがいい、気を使わない状態にしておいた方がいいということです。

もっとも、右の言葉は歌や踊りが大好きで、ついついのめり込んでしまう傾向のある弟子たちにいった言葉のようです――後世になって、歌や踊りの持つ潜在的な力に気づいたお坊さんたちは、それを悟りへの道を歩くために、積極的に利用するようになっていきます――遠い目的地まで歩いていくのに、荷物はなるべく少ないほうが気楽なのです。旅の道中には必要最低限なものだけを持っていればいいのです。

今回の言葉は、お釈迦さまが歌や踊り好きな弟子にいった「また歌の練習？　また踊りのレッスン？　他にやることあるでしょ？」という言葉の、働き虫さん用バージョンであります。

また仕事？
他にやること
あるでしょ
芳彦

41 ついていい嘘、いけない嘘

■「嘘でもいいから本当のことといってごらん」

何かやりたいらしいけど、何するわけでもなくアヤフヤな生活をしている人に「何か具体的にやってみたら?」というと「そうなんだよ。だけどなぁ」と煮えきらぬ返事。自分の意見をいわずに、八方美人のように誰の意見にも上手に合わせてしまう人に「で、本当はどう思っているの?」とうながすと「……」と沈黙。

要領を得ない答えだったり、あるいは、本当のことをいおうとしているのか、ごまかそうとしているのかわからなかったり……そんなときに、私がいう言葉が「嘘でもいいから、本当のことといってよ」です。それを「どっちか、はっきりしなさい」と命令口調でいったのでは、相手はますます萎縮《いしゅく》してしまうばかり。

その点、嘘でもいいから本当のことといってごらんよ、というユーモラスな言葉は、

「こちらには、あなたの思いを柔らかく受け取る準備ができていますよ」というメッセージとなって伝わり、相手の心に余裕が生まれることになります。

「では、本当のことをいうけどね……」と話し出してくれることがよくあるのです。

この言葉って？　嘘でいいの？　本当のことをいわなくてはいけないの？　どっち？　と考えてしまう人がいます。まるで「その嘘、ホント？」というのと同じようなパラドックス――もちろん本当のことをいってもらいたいための、誘い水の言葉なのです。その場をつくろうだけの嘘なら、いわないほうがいい。嘘を通すために再び嘘で包み、さらに嘘を隠すのに嘘を重ねる……まるで嘘の過剰包装、嘘のマトリョーシカ。これでは、心が休まることがありません。

■本音ばかりがいいとは限らない

そうはいっても、嘘はいけないから全部包み隠さずに本音をぶちまければいいかといえば、そうではありません。私、地蔵はこれでも〝嘘つきの弁護人〟と呼ばれているくらいです。えっ？　どこで？　それは、閻魔《えんま》さまの法廷内でのことです。

人は亡くなると七日ごとに存命中の言動についてお調べがあります。初七日から毎週連続七回、そのあとは百日目、一年目、二年目の全部で十回。取調官は十人の王さま。『十王経《じゅうおうきょう》』というお経に書いてあります。このお調べの五回目（亡くなって三十五日目）の取調官が、閻魔《えんま》大王です。法廷内には浄玻璃《じょはり》の鏡（生前の行ないがすべて記録されているVTR装置）と、何でも記載されている閻魔帳があります。

取り調べの対象になる事案は、嘘について。ここで、ひどい嘘が発覚したり、その場でも嘘をいおうものなら、閻魔さまは嫌味たっぷりにこうおっしゃいます。

「またそうやって嘘をつくのだな。懲《こ》りぬ奴だ。まあしかし、お前だって嘘が悪いことを知っているだろう。知っていながら嘘をつくのはお前のせいではない。お前の舌がいけないのだ。だからその悪い舌を抜いてやろう」

その法廷内で、私は皆さんの弁護に立ちます。嘘をついたのにはこういう事情があったのですとか、遺族が今日お線香をあげて、お経を読んでおりますのでどうか情状《じょうじょう》酌量《しゃくりょう》の寛大なお裁きをお願いしますと、閻魔さまに申しあげます。しかし、私の弁護にも限界があります。皆さま、どうかなるべく嘘はおつきになりませぬよう。否、嘘をつかなければならないような生活はなさいませぬように。

誰ですか？　私は二枚舌を持ってるから、一枚くらい平気だとうそぶいている方は。

嘘でも
いいから
本当の
こと
いって

42 今、やれることをやる

■死をゴールインと考える生き方

仏教の経典では、できれば書きたくないような文字は小さく書くことがあります。たとえば「死」という文字は、小さく書かれることがあります。

恨みつらみや、煩悩《ぼんのう》なども、「自分が、私が、我が」という主張ばかりが優先して、他への配慮を欠いているために作りあげられていきます。そのような、自分の心にとってマイナスになるようなことは、なるべく小さくしていったほうがいい。だから、こうした単語や字は、なるべく小さく書くといいかもしれません。

仏教では、言葉や、文字自体が持つ呪術《じゆじゆつ》的な力や、精神面への影響力を侮《あなど》らず、大切にしているのです。

さて、「死」は本来、小さく書くものではなく、堂々と書いてもかまわない字。死は不吉なものではないというのが仏教的な思考です。だって、死は避けて通ることができませんから。

誰でも、死と堂々と向き合って、渡り合うときが必ずやってきます。残念ながら、寿命ということでいえば、生き物（私たちを含めて）は生まれたからには、間違いなく死がゴールです。そこにゴールインしなければなりません。その意味で、私たちにとって、死はこの世の最終到達地点です。

しかし、最後にたどり着くゴールラインとはいえ、そのゴールを目指して毎日を暮らしていくわけにはいきません。ランナーはゴールしたいから走りますが、それを人生に置き換えて「死にたいから生きる」「死ぬために生きる」ということにはなりません。前方に死というゴールはあるにせよ、そしてそれをしっかり意識するにせよ、私たちは今を走る、このときを生きていかなければなりません。

■「まだ死んではいません。まだ生きています」

ところが、死というゴールのことばかりが気になって仕方ない、あるいはそのゴールを恐れて怖じ気づき、今が生きられないことがあります。死んだらどうしようと怖がって足がすくんで、今を走れないことがあります。

不治の病におかされたときに、寝ても覚めても「死」についてばかり考えているのはもったいないです。だって、まだ生きているのですから。

死を一瞬でも先に延ばすために、治療に専念するのは当然のことです。だからといって、日々、治療の効果について自問自答し、疑心暗鬼に陥り「この治療は正しかったのか」「あの医師でよかったのか」「いつになったら治るのだろうか」と四六時中、病気のことばかり考えて、周囲の人の気づかいも受け取る余裕がなくなってしまうことがあります。目にする松や欅《けやき》などの大木を見あげては「ああ、この木は私が死んだあとでもずっとのちのちまで生きているのだな」と、目前に迫った（と勝手に思っているかもしれない）死と関連づけてしか、周囲と関われないこともあるでしょう。

でも、まだ死んではいません。まだ生きています。

ゴールするときのことを考えて今を生きるのも一つ。ゴールには必ず到着するのだから仕方がないとあきらめ、今日を生きるのも一つ。今やれること、やるべきことを考え、その一つでも実行していくことのほうがずっと現実的で、愉快ではないですか。

大丈夫
死ぬまで
ちゃんと
生きてます

6章

気持ちをラクにする、「ほっ」とひと息つく

「今日より明日」と考えて生きる

前口上　悩みや苦しみから、抜け出す方法

ここでいう天は、天国という意味ではありません。まだ悟《さと》りを開くまでいたっていないけれど、人間よりはましな考え方や行動をする者たちの世界。寿命も人間の十万倍もあるといわれている世界ですが、それでもまだ死を避けて通ることができない世界。つまり「できれば死にたくないなあ」という思いを断ち切ることができない世界です。

日本で親しまれている天と名前のつく人（日本では神さまといったほうがいいかもしれませんね）は、芸事に秀でた弁天（弁才天）、走るのがやたら早い韋駄天《いだてん》、福をもたらす大黒天、北の方角を守る武将の毘沙門天《びしゃもんてん》、愛のエネルギーいっぱいという姿をした商売繁盛の神さま聖天《しょうてん》（歓喜天《かんぎてん》）など、たくさんいらっしゃいます。

いずれも、何か一つのことに飛び抜けた才能を持っている人たちです。

この天という世界は重層構造をしているといわれ、上層階ほど格が上の天（神さま）たちが住んでいると伝えられます。その最上階のことを「有頂天」といいます。

きっと、喜びに満ちた広い場所なのでしょう、ここにいるとうれしくて他の世界のことが見えなくなることもあります。ここから、日本語では、鼻高々の状態を「有頂天になる」というのはご存じでしょう。

しかし、この天といわれる神さまたちといえども、先程もふれたように「まだ死にたくない」という肉体へのこだわりが捨て切れない者たちです。

もっとも、だからこそ芸事の上達や、商売繁盛など、私たちのご都合を叶えるために、手伝いをしてくれます。私たちがもっとも助けを必要としていることのお世話をしてくれるのです。自分のご都合はなくなっているのですが、私たちのご都合は叶えさせてくれようとする、何ともありがたい神さまたちです。

それもこれも、自分にはこれができるんだぞという分野を、しっかりと持っている自負が裏側にあるから。あなたのまわりにもいざというときに頼りになる人はいませんか。あるいは、あなたがそんな人で、人の役に立っているかもしれません。

家庭の主婦だって、子どもたちにとってみれば料理、洗濯、そうじの神さまのようなもの。子どもたちにたくさんのことを教えてあげられます。「家事天」という神さまみたいなものです（仏教にはいませんが……）。

さて地蔵流の『心経』の離乳食的翻訳も、いよいよ最終段落です。

　不思議なことに、その智慧を得るための呪文《じゅもん》（真言）があります。それはそれは効果絶大な呪文で、代々の仏さまたちに伝えられているくらい力があるので、諸々の苦しみを除いてくれるのです。それは、ギャティ・ギャテイ・ハラソウギャテイ・ボージ・ソワカという呪文です。以上が般若の智慧の真髄、エッセンスです。

［故《ゆえ》に知《し》るべし、般若波羅蜜多《はんにゃはらみった》は是《こ》れ大神呪《だいじんしゅ》なり。是れ大明呪《だいみょうしゅ》なり。是れ無上呪《むじょうしゅ》なり。是れ無等等呪《むとうどうしゅ》なり。能《よ》く一切の苦を除き、真実にして虚《むな》しからざるが故に。般若波羅蜜多の呪を説く。即ち呪に説いて曰く、羯諦羯諦《ぎゃていぎゃてい》　波羅羯諦《はらぎゃてい》　波羅僧羯諦《はらそうぎゃてい》菩提薩婆訶《ぼじそわか》　般若心経：故知《こち》　般若波羅蜜多《はんにゃはらみった》　是大神呪《ぜだいじんしゅ》　是大明呪《ぜだいみょうしゅ》　是無上呪《ぜむじょうしゅ》　是無等等呪《ぜむとうどうしゅ》　能除一切苦《のうじょいっさいく》
真実不虚《しんじつふこ》　故説般若波羅蜜多呪《こせつはんにゃはらみたしゅ》　即説呪曰羯諦羯諦波羅羯諦《そくせつしゅわつぎゃていぎゃていはらぎゃてい》　波羅僧羯諦《はらそうぎゃてい》　菩提薩婆訶《ぼじそわか》
般若心経《はんにゃしんぎょう》］

　この部分は、般若波羅蜜多という智慧を得るための真言を導きだす箇所でもあり、また、真言自体が般若波羅蜜多の智慧そのものだと取ることもできます。

いずれにしろ、教えを知識という引き出しにしまわないで、それを実践しなさいと強烈に説く部分です。自分たちは六道の中をぐるぐるまわっているようなものだよ、などと口先だけでいうのは簡単です。大切なのは、実践。

自分が六道《ろくどう》の中で、傾いてぎしぎし音をさせる小さな荷車をあてもなく引きめぐっていることに、まず〝気づく〟。気づいたら、荷車の傾きを直し、油をさして「よりよい人」や「安らかな心」という目指すべき〝目標を立てる〟。そして、その目標に向かって〝進む〟。実践などというと、必死の形相で刻苦して努力する印象があるかもしれませんが、気がついたらでいいのです。気がつかなければ苦とは感じないでしょうから、それはそれでいい。

徐々に、ゆっくり、今日より明日、今年より来年、あるいは五年後、十年後を目指していけばいいんです（できれば早いほうがいいですけど）。

最終章にあたるこの6章（天道）には、人間世界の苦悩から抜け出て、人生（六道）を俯瞰《ふかん》できるようなとらえ方の、ヒントになるような言葉をまとめてみました。

43 自分の「帰る場所」を知る

■外出が楽しいのは、帰る家があるから

外出して、旅行を楽しみ、買い物に没頭し、あるいは仕事に精を出す。なぜ外出時間をそんなふうに有意義に過ごすことができるのか――昔、そんなことを考えました。

私がたどり着いた答えは「帰る家があるから」です。あたり前じゃないかと、ガッカリしないでください。この答えこそ、人生を考えるキッカケになったのですから。

私たちが旅行に出て存分に楽しめるのは、その日の宿が決まっているからです。もし泊まる場所が確保できていなければ、お昼をまわったころから、宿屋探しをしなければなりません。宿が見つからなければ、野宿のためのブルーシートや段ボールを拾い集めないといけません。こうなると、旅を楽しむどころではありません（否、野宿もそれはそれで旅の醍醐味だ、という肝の座った方もいるでしょうが、そういう人は

どこでもわが家と思っているのでオーケーです)。

毎日会社に出かけて精一杯仕事に打ち込めるのも、帰る家があるから。買い物一つとっても、帰る家があるからショッピングにウキウキ気分で出かけられます。

■人生を〝外出時間〟ととらえると

では、この外出時間を私たちの一生にあてはめたらどうでしょう。

私たちが生まれてから死ぬまでを外出時間と考えてみるのです。お母さんのおなかの中から出てきたときが「いってきま~す」。「ただいま~」と戻るのが死ぬときです。外出時間にたとえてみる人生は、喜怒哀楽に満ちた私たちの普段の外出時間といってもいいでしょう。

その外出時間を終えたとき、自分に帰る場所はあるだろうかと、私は考えたのです。帰る場所があれば、人生という外出時間を安心して有意義に過ごすことができます。なければ、不安な思いで過ごさねばなりません。

だからこそ、人々は、死んだらどこに行くのかを考えてきました。先人たちは「死んでからどこへ行くかなど、知ったことではない」では、人生を安心して過ごせないという仕組みを薄々感じていたに違いありません。そして、私たちの先祖は死後どこかに「行く」のではなく、「元いた場所」に戻るイメージを作り上げました。

日本では「自然に帰（還）る」「土に帰る」という表現をしてきました。「お墓に落ち着く」と考えるのもこの範疇《はんちゅう》に入ります。土葬の時代は、遺体が土に同化するのを目《ま》のあたりにすることができましたし、現在でも遺骨を壺から出してお墓におさめる遺族がいます。

この表現は宗教の違いによって「神のみもとに帰る」とか「仏の国に帰る」というい方になります。いずれも、人生という外出時間が終わったときに、私たちが帰る場所を設定しているということ。くり返しになりますが、その場所の多くは私たちが「もといた場所」。A家から出てB家に帰るのではなく、A家から「いってきます」と出かけて、A家に「ただいま」と戻るのです。そしてそこは安心できるわが家です。

仏教ではその家を「法界《ほっかい》」と呼びます（本当は私たちが生きているのも法界の一部なのですが、この世とあの世を別世界のように思っている場合には、法界から来て、法界へ戻るとしたほうがわかりやすいでしょう）。

帰る場所を知って、人生という外出時間を有意義に過ごそうではありませんか。

南無
命と
心の
落ち着き、
どころ

44 偉そうな自分とはサヨウナラ

■高めの声で挨拶《あいさつ》してみる

最近気づいたんですけどね。歳を取ると、声が低くなる人が多いのではないかって。その理由を考えると、一般的には「老化」とか「加齢」というようですが、まあ、自然な成り行き、ある意味で「成長」です。

ところが、若いのに、低い声で話す人がいるんです。若いお坊さんなんかはその典型です。なぜかというと、低い、落ち着いた声で話したほうが、貫禄あるお坊さんらしいという思い込みをしているからです。バカげているとは思いますが、そういう若いお坊さんが多い。

そして、これと同様のことが、偉そうな人に多い。「偉そうな」とは、自分で「偉い」と思っている人なのです。社会的な肩書きがご立派な人に多い。低い、落ち着いた声で話したほうが偉く見えるように思っているのです。

会社で部下が、元気ハツラツな声で、「部長、おはようございます！」って深々と頭を下げていうと、首だけでうなずいて、落ち着いた声で、さも自分はチャラチャラしていないことを示さんばかりに「ああ、おはよう」――なんて。

そんな型に自分をはめることなんかないのです（いや、今回の話は、逆説的に型にはまってみる勧めなんですけどね。それは続きを読んでいただければわかります）。

■一日を楽しくする本物の魔法

娘十八番茶も出花。この年ごろは俗に「箸《はし》が転がっても笑う年ごろ」です。その娘たちの声は例外なく高い。なぜかといえば、心がフレッシュで、ハリがあるからです。ちょっと思い出してみてください。面白いことがあったとき、ビックリするようなことに出合ったとき、あなたはどんな声を出しますか？

低い声でゆっくり「ああ、これって面白いねぇ」っていう人は多分いないでしょう。高い声で笑うはずです。

なぜかといえば、心がウキウキしているからです。もし低い声でいうとしたら、

「いったいどこが面白いのかわからんね」です。もちろん面白くないことを他の皆さんが面白そうにしていることにビックリすれば、その声は高くなって「いったいどこが面白いのか、私には全然わからんぞ！」となります。

また、道を歩いていて知り合いと偶然出会ったときに、低音の声で落ち着いて「ああ、ビックリした」という人はいないでしょう。どうしてかといえば、心がピンピンにはっているからです。低い声でゆっくり「ああ、ビックリした」といえば「どこがビックリやねん」とツッコミが入ることでしょう。

心にウキウキするものがあったり、ハリがあったとき、人は、高い声になります。

さて、先ほどの逆説的に型にはめるというのは、ここなのです。

普段からなるべく、高い声で話す。おはようございます、こんにちは、こんばんは、ありがとうございます……いつもより高い声で話す。そうすると、心にもハリが出ます。

お年寄りの声が低くなるというのは、感動することが少なくなったということではないでしょうか。感動多き人生のために、ちょっと高めの声で話してみてください。

せめて
おはよう
こんちは
こんばんは
を
高い声で
いってごらん
一日が楽しく
なるから

45 体の中から「時間」を感じてみる

■人間の体は凄いことをやってのけている

この体は何と六十兆もの小さな小さな細胞というものでできているらしい。辞書によると細胞は［生物体の構造上・機能上の基本単位］だから、基本となる一つ一つの細胞が、不思議な力で結びついて私たちの体を作っていることになります。

それらの細胞が生死をくり返すことが新陳代謝《しんちんたいしゃ》。

髪の毛一本がどれくらいの細胞の集まりか知りませんが、一本抜けても膨大な細胞がなくなるし、肌をひっかいても莫大な細胞が削り取られているということです。

まあ、無理に抜いたり、ひっかいたりしなくても、細胞はどんどん入れ替わっていくそうで、その周期は体の場所によって異なるという人体の不思議さです。

自分では意識していませんが、体はまあ凄いことをやってのけているんですね。

■すっごく気持ちが大きくなる話

さて、この新しい細胞はどこから来るのでしょう。何を材料にしているのでしょう。

それは、あなたが食べたもの、飲んだもの、そして吸った空気など、それらが体の中でさまざまな形に加工されているのですね。

だから、私たちの体は、食べたものからできているのです。食べないと、新陳代謝ができなくなるということです。

ここでもう一歩踏み込んでみます。

私たちの体を作っている細胞の原材料の食べ物や飲み物も、さまざまなものからできています。ほうれん草は土の中のさまざまな栄養素を吸収して根や葉をつけます。魚やお肉は、私たちと基本的に変わりませんから説明の必要はないでしょう。水も、水素と酸素の化合物です。

それらの物質は、すべて地球上にあるもの。外から別のものが入り込んでくる要素はほとんどないでしょう。

いい換えれば、私たち人間も含めて地球上にあるものは、すべて大きな新陳代謝をしていて、互いにお互いを支えて、巡り巡っているということ。

そう考えると、私たちの現在の体は、はるか昔から地球にあったものでできていて、この先遠い未来まで形を変えながらあり続けることになります。

宇宙が好きな人は、命の、そして物質の循環は地球の中だけで完結しているわけではなく、地球外の太陽エネルギーである光や熱の影響も受けているではないかと反論したくなるかもしれません。そうです。太陽からの光や熱も、宇宙創世のときから何かしらの縁があって、その原材料が核反応を起こして作り出されるものです。

髪の毛一本、日焼けした肌一枚、きれいに切り揃えられた手足の爪一つ、瞳をうるおす涙、深呼吸したときに空気をいっぱい吸い込む肺、この本のページをめくるときにつかう筋肉など、私たちの細胞は宇宙と同じ、百五十億年のときを過ごしてきています。

自分の体の中に宇宙誕生以来の時間を感じてみると、気持ちも大きくなれます。

宇宙と
私は
同い年

46 何かいわれても、反論しない

■柳を旅人に贈った理由

古代の中国では、人とお別れするときに、送る側が柳の枝を折って、旅立つ相手に送る習慣があったそうです。相手にここに留まって欲しいということから、留と柳の音をかけたという説や、柳の枝が曲げてもすぐにもとに戻ることから「また帰って来て下さいね」と思いを込めたという説もあるようです。なんと風流なことでしょう。

他にも、相手が遠くへ旅立つ際に、乗り物となる動物を歩かせるムチ代わりに贈ったのではないか、などといわれていますが、地蔵としてはここで新たな新説をご披露申しあげたい。それは、相手の健康を祈るということです。観音さまの姿の一つに、柳の枝を持っているものがあり、楊柳観音《ようりゅうかんのん》と呼ばれています。身体健康のご利益があるといわれている観音さまです。なぜか……。

私たちが健康でいるためには、とにかく、食べることが第一です。その食べることができるのは、歯が丈夫でないといけません。そのためには……そう「歯磨き」です。昔は、柳の枝をポキンと折って、はじっこをガチガチと噛《か》んで、ブラシ状にして歯を磨きました。そして、歯に何か挟まったときに使う楊枝《ようじ》は楊柳の枝のこと（楊はカワヤナギ、柳はシダレヤナギのこと）。だから、柳の枝は健康グッズ。よって、相手のご健勝を祈ってプレゼントしたというのが、私の説であります。

■しなやかさがないと、ポキッと折れる

さて、「柳は風をつかまえる名人ですね」とある人がいっていました。うまいことをおっしゃると感心した覚えがあります。日本の話芸の中でも「門《かど》の柳の葉が揺れて」といえば、誰かが来たという意味で使われます。人が通った少しの空気のゆらめきも、柳の枝はそれをつかまえてフワッとなびきます。

女性の細くてしなやかな腰が柳腰と表現されるくらい、柳はしなやかなものの代表ですが、「柳に雪折れなし」のように、柳はしなやかで弱々しく見えながらも、堅

いものよりもかえって強いというたとえとして使われます。

柳は決して川のそばにしか生えないわけではありませんが、水が好きなのでしょうか、日本でも用水端や川端にあるのをよく目にします。その川端の柳は、水の流れを見ながら、春の爽やかな風に萌《も》えたばかりの細い枝を揺らし、蟬《せみ》たちの格好のとまり木となって夏の猛暑に耐え、台風の暴風雨もしなやかに、文字通り、柳に風と受け流し、さからわず、強風をあしらっているかのようでもあります。

このしなやかさがないと、枝は風に折れてしまいます。まるで私たちのようです。やるべきことをやっている人は、人に何かいわれても、おだやかにそれを受け流していきます。くよくよしなくていいのです。無理に反論する必要などありません。反論したくなったら、自分はまだ柳になっていないと思って、やるべきことをやって自分を納得させましょう。そうすれば「なるほど、仰せごもっともです」とニッコリ笑えます。逆に、人を攻撃したくなったら、自分はまだ柳には程遠いなと思えばいい。攻撃したくなるというのは、自分を脅かしそうな風をもろに受けて抵抗しようとしていることが多いものです。つまらぬことにくよくよせずに、世の中の流れをニッコリ見て暮らすときがあってもいいものです。

何もくよくよ
川端柳
水の流れを
見て暮らす

47 酔っぱらっているから、見えてくることもある

■理性という錠前が「カチャリ」とはずれるとき

人、酒を飲み。酒、酒を飲み。酒、人を飲む。——よくいわれる言葉です。最初は、飲み手がおいしくお酒を飲みはじめたのだけれど、やがて酒の酔いとその場の雰囲気から飲み手の意思とはあまり関係なくお酒の量が増えていき、ついには本人の意思など関係なく魔物化したお酒が、飲み手を飲み込んでしまうこと。

かつてはお酒をたしなんだ程度の人が、年数を重ねるうちに、今では飲めば飲まれて乱れ酒という場合もあるでしょう。あるいは、たった数時間のうちに、この全過程を踏破《とうは》する人もいます。

この、お酒を飲んで豹変することで一斉を風靡《ふうび》したのは、清水の次郎長の子分で遠州森の石松という人。「素面《しらふ》時はよいけれど、酒を飲んだら虎、狼。親子の見境がつ

かない」というありさま。まさにバカは死ななきゃ治らない～♪　という看板を一生背負って生きた人です。こういう人は今でもまわりに結構いるものです。

普段は理性という錠前をかけて心の奥底に閉じ込めている獰猛《どうもう》な、あるいはバカな本性の一部が、お酒という鍵で錠前《じょうまえ》がカチャリとはずれてしまう。そこまでいかなくとも、普通から見れば常軌《じょうき》を逸した言動をするのもまた、酔っぱらいの性《さが》です。

私がいいなあと思うのは大酒飲みで知られた、落語の五代目古今亭志ん生さん。関東大震災のとき、この地震では東京中の酒がなくなってしまうと近所の酒屋へ飛んで行った。余震がおさまらないのに酒屋へ行って「酒をくれ」っていったら「あんた、こんなときに何をいっているんだ。飲みたきゃ好きなだけ飲んでけ」っていわれたから、樽からヒシャクでがぶがぶ飲んだ。

酒屋を出るときには、余震で揺れているんだか、酔っぱらってフラフラしているんだかわからなかったという、思わず笑みがこぼれる逸話も残されています。

■「酔っぱらいというのは、あれは、バカでございます」

愉快ついでにもう一つ。あるとき、楽屋で飲んでいた志ん生さん。高座へ上がったのはいいけれど、座ったとたんに寝てしまったとか。他にも、この師匠には、まさに落語を地でいくようなお酒の逸話がたくさんあります。

こうした酔っぱらいの習性は、はたから見ている飲まない人には不可解の一語につきるでしょう。しかし、同時に飲まなければわからない酔っぱらいの天真爛漫《てんしんらんまん》さや、普段なら決して人には見せない固く蕾《つぼみ》になっているような心の核心部分が、まるで花開くように広がる解放感もあるのです。

「酔っぱらいというのは、あれは、バカでございます」という言葉は、素面《しらふ》のそれもごく真面目な人が、酔っぱらいの理解不能な言動を揶揄《やゆ》した言葉ですが、じつは酔っぱらい自身が、大好きな言葉です。飲まなければ出てこない正直な気持ちを吐露《とろ》するサッパリ感も、酔ってこそ。「その心地よさを知らない真面目なあなたは気の毒だ」という素面の人への気持ちが、この言葉には隠されているからです。

おっと、酔っぱらいを弁護するような内容になってしまいましたが、適度なお酒は体を温めて、頭の回転もよくさせる効果もあるそうで、仏教でも智慧（般若）が出てくるお湯として、隠語で「般若湯《はんにゃとう》」といいます。飲む人によって変わるので、お酒自体が悪いとは考えません。お酒を悪者にしない飲み方をしたいものですね。

酔っぱらい
というのは
あれは
バカで
ございます

48 大きな器になる

■人は居心地のいいところに集まる

あなたはどんな場所にいると気持ちがいいですか？　居心地がいいですか？　心身ともにリラックスし、そして、安らかになれる場所はどこですか？

もし、人工的な建物の中で、ファストフードを食べているときと答えるようだったら、あなたは将来有力な宇宙の住人になれるかもしれない——そのようなことを宇宙飛行士の毛利衛《まもる》さんは著書『宇宙からの贈りもの』（岩波新書）で書いています。

人は居心地のよさを求めて、仲間が集まる場所に出かけたりします。夢とおとぎの国のテーマパークに出かける人もいますし、ライブ会場で演者と客席との一体感の中に身を置くためにコンサートやライブに出かける人もいます。しかし、これらは心の活発さ、ウキウキ感を求めるものですから、心に安らぎを感じるかといえば、そうではないでしょう。

多くの人はその心の安らぎを求めるために、自然の中に出かけます。特に、海や山が好きな人が多いですね。海や山は、大きいものの代表。海、山、空……どれも果てがないほど大きいもの、それはきっと自分の心もそうありたいと願うからではないかと思うのです。自分の心を広々としたものに投影させているのだと思うのです。大きな景色の中に身を置いたとき「気持ちいいなあ」というのはそういう心の声ではないでしょうか。

■涙一滴の中に大きな世界がある

話は変わりますが、一方で、小さなものが大好きな人がいます。虫や、豆本や、もっともっと小さなマイクロロボットの研究に没頭している人もいます。しかし、これはミクロ（極小）の中にマクロ（極大）という広大な世界を垣間見ている場合がほとんどでしょう。

たとえば手近な石ころ一つ手にとって、虫眼鏡《むしめがね》で見てみると、表面は驚くべき構造をしています。まるで小さな宇宙。身近に石ころがなければ、コンクリートでもかまいません。セメントの砂利、あるいは砂が複雑にからみ合った小宇宙が目の前に現われます。

それに没頭するとき、ミクロの中にマクロ的世界があることがおわかりいただけるでしょう。小さなものの中に広大に広がる世界があって、そこに分け入っていくことは、そのまま自分の心を拡大させる手法になりえます。

仏教では、このような空間的な世界観と、一瞬の中に永劫《えいごう》があるという時間的な世界観が『華厳経《けごんきょう》』というお経に書かれています。ちなみに奈良東大寺は華厳宗の総本山で、あの大仏さまはその世界観を形に表わしたものです。

単に「この仏さま、でっかいなぁ」と感激しているだけではもったいない。この大きな世界が私の涙一滴の中に、髪の毛一本の中にあるのだなと気づかないといけません。

人として大きな器になるためには、広大な世界（宇宙）を自分の中に取り込むことも大切。同時に心も磨きましょう。時間はかかりますが、やる価値はあります。時間的にも空間的にも無限な宇宙の中でひときわ輝く星があなたです。

大きな器を
作るには
時間が
かかります

49 偶然を楽しむ

■目を見るだけで人の心がわかる？

「あなたの目を見て、詩を書きます」という若者たちをご存じでしょうか。〝路上詩人〟といいます。筆を持って歩道に座り、人が目の前に座るのを待ちます。座った人の目を見て、彼らはしばし瞑想したり、イヤホンで音楽を聴き、自分の中に言葉が〝降りて〟来るのを待って、やがてその人のためのオリジナルの詩を、スラスラと紙の上に紡《つむ》ぎ出します。

書かれた詩を読んで、多くの人は目を丸くします。中には涙ぐむ人もいます。

「どうして、私の心の中が、わかるのですか？」

「ただ、僕は頭の中に出てきた言葉を書いているだけなのですよ」

皆さんとても不思議そうな顔をします。しかし、不思議でも何でもないのです。皆さんは色々なことで悩んでいたり、悲しんでいたり、喜んでいたりします。おそらくたくさんの思いが詰まっています。その中の一つのことに、詩の内容がたまたまヒットしたのです。この本の言葉と同じです。ほとんどの言葉に、何か思い当たるフシがあるでしょう。

■宝くじは、買わないと当たりません

さて、路上詩人の若者たちがよく書いたり、口にしたりする言葉に〝出会いは必然〟があります。人や物との出会いは、必然なのだというのです。私は、それは偶然だと思っています。〝たまたま〟です。

なぜ必然にしたいのでしょうか。そうなるべくして、そうなったという意味の必然……。物理や化学、数学の世界ではそうであっても、人生はそうではありません。何と何が出会うと、必ずこうなるなんてことはありません。

男と女が出会うと恋が生まれる……ではなく、恋が生まれる可能性があるというだけです。

お茶碗がテーブルの上にあるとすれば、落ちて割れる可能性は否定できません。食

事にお呼ばれした人が、ちょっと手を伸ばしたとたんに床に落ちて割れてしまった。そのときに「ああ、このお茶碗は割れるべくして割れました。割れる時期を待っていたんですね。私に割ってもらいたくて、そのときをずっと待っていたに違いありません」なんていう人がいたら、「このたわけ者め！」といいたくなります。「すみません。不注意で割ってしまって……。ごめんなさい」というべきでしょう。

時間や思考や場所という条件は刻一刻と変化しますから、結果として「常《つね》」であることはないという諸行無常という大原則。生き物として生まれたら死ななきゃいけない大原則――私たちは、このような力にあらがうことはできません。宿命です。

何かが成就した、あるいは成功するにしても、多くの条件がたまたまそろったようなものです。宝くじで一等が当たるようなものです。いつ、どこで、何枚買ったかという条件がそろって、たまたま当たるのです。もちろん、買わないと当たりません。今回の言葉の〝準備〟が、この場合の〝買う〟という行為にあたります。

この項では、偶然を偶然として楽しむ〝心の余裕〟と〝勇気〟について申しあげました。

偶然は
準備していた
人だけに
訪れる
ものです

50 生んでくれて、ありがとう

■誕生日は、親に感謝する日

いつごろからでしょうか、誕生日をお祝いするようになったのは。

ある人からは、誕生日は生まれたときのお祝いごとだけ。初節句《はつぜっく》にしたって、長女と長男のときだけ奥さんの実家からお人形が届いて、あとの子どもたちはほったらかしでしたよ、という答えがかえってきたことがあります。だからって、下の子どもたちは寂しい思いなんかしなかった。そりゃそうでしょう、一番上の子どものお祝いのとき、下の子どもたちはまだ生まれていなかったのですからね。

さて、この世に生まれた人ならば、誰でも持っている誕生日（中には、よくわからないという人もいるし、そういうことに重きをおかない民族もあります）。オギャアと産声《うぶごえ》をあげた日が誕生日ですが、実際に命として誕生（受精）したのは、さかのぼること約四十週であることは、皆さんご存じの通りです。

誕生日に約四十週（約十カ月）を加えたのが、命としての実年齢だなどというと、年齢を若くいいたい女性は「いやなことというわねぇ。失礼しちゃうわ」とツンとしたくなるでしょうが、事実だから仕方がない（こういうときにいうんですね。「嘘はいわなくてもいい。だからって本当のことをいわなくてもいいのです」って）。

「今日はめでたい誕生日！」とお祝いしてもらうときには、一瞬でもいいから心でタイムスリップしたい〝母胎内での、自分という生命の誕生の瞬間と四十週〟です。

■私が手にした命は、「関係者皆さんのおかげなのです」

ところで、誕生日にはバースデーケーキにロウソク……、否キャンドルが立てられて、プレゼントをあげたり、もらったりすることが、慣例として行なわれます。火を吹き消したと同時にあがる「おめでとう！」「ありがとう！」の歓声は、生まれてきてよかったことを否応なしに実感できるイベントです（一人でやるものオツなものです。やったことありますか？　私は……ありります）。

誕生という前向きな現象、数億年の生物の進化を四十週でなしとげる驚愕《きょうがく》の神秘、そして生まれたからこそ、めぐりあえる多くの出会いへの感謝の気持ちは、誕生日を迎えるたびに再確認したいものです。

しかし、これだけでは大切なものが抜けています。それは〝自分の誕生〟という結果の、直接の縁となった親への「ありがとう」の心です。アカデミー賞の受賞者のスピーチを思い出してみてください。その映画の関係者への感謝の言葉で埋《う》めつくされます。「自分が手にしたこのオスカーは、関係者皆さんのおかげなのです」という言葉を「私が手にしたこの命は……」といい換えればいいのです。

誕生日は、自分がお祝いしてもらうだけでなく、両親へありがとうの気持ちを込めたプレゼントをする日なのだと思うのです。品物でなくてもかまいません。両親の好きな食べ物でも、「(生んでくれて)ありがとう」のひと言だってかまいません。

何？　親はもう亡くなった？　ああ、そういう場合は、お墓や仏壇、あるいは道端の私、地蔵の前でも、心で「ありがとう」と思ってくれれば、私や仏がそれを届けます。もし、「生んでくれなんて頼んだ覚えはない」とか「生んでくれないほうがマシだった」なんて、罰当たりな言葉が口から出るようなら、今の生き方や考え方を軌道修正したほうがいいです。せっかく生んでもらったのですから、感謝しましょう。

誕生日は
親に
ごちそう
する日

『般若心経』

仏《ぶっ》説《せつ》摩《まー》訶《かー》般《はん》若《にゃー》波《はー》羅《らー》蜜《みー》多《たー》
心《しん》経《ぎょう》

観《かん》自《じー》在《ざい》菩《ぼー》薩《さー》　行《ぎょう》深《じん》般《はん》若《にゃー》
波《はー》羅《らー》蜜《みー》多《たー》時《じー》　照《しょう》見《けん》五《ごー》蘊《うん》
皆《かい》空《くう》　度《どー》一《いっ》切《さい》苦《くー》厄《やく》

私的「お地蔵さま（芳彦）流」現代語訳『般若心経』

これは、ものにも、考え方にさえ「あれはああだ」「これはこうだ」とレッテルを貼ることで、自分を苦しめ、対人関係をギクシャクさせる「こだわり」の正体を見抜き、そのこだわりから解放され、ラクに生きていくための智慧のエッセンスが詰まったお経です。

観自在菩薩（別名は、ご存じ観世音菩薩《かんぜおんぼさつ》、観音《かんのん》さまのことです）という名前の、とても感性豊かで、自由な発想ができる、心が柔らかな仏さまがいました。その仏さまが悟りにいたるために必要な、深い智慧の修行をしていたときのことです。

舎利子《しゃーりーしー》　色不異空《しきふーいーくう》　空《くう》
不異色《ふーいーしき》　色即是空《しきそくぜーくう》　空《くう》
即是色《そくぜーしき》　受想行識《じゅーそうぎょうしき》　亦《やく》
復如是《ぶーにょーぜー》

物体（私たちの体を含めます）や心のあり方はつねに同じ状態を保っているわけではなく、変化し続けて、実体と呼べる程のものはない（これを空《くう》といいます）ことがはっきりとわかったら、それまでの苦しみや行き詰まりがなくなってしまったのです。

舎利さん、いいですか、よく聞いてください。物体は、さまざまな縁が集まっているいわば集合体であって、固有の実体なんかないのです（それを実体があるように思っているから、あちらこちらでつじつまが合わなくなって、「こんなはずはない」と怒り、悲しみ、むなしくなり、苦しむことになるのです）。いい換えれば、いろいろな要素が集まって、物体になっているということです。

舎利子《しゃーりーしー》　是諸法空相《ぜーしょうほうくうそう》
不生不滅《ふーしょうふーめつ》　不垢不浄《ふーくーふーじょう》
不増不減《ふーぞうふーげん》

情報を受け取る目・耳・鼻・舌・体も、思うことも、行なうことも、知識もつねに変化し続けているのです(にもかかわらず、自分の経験や知識や行動パターンが、誰にでも通用するかのように思い込むから「あれ？　おかしいな」と悩み、挙句の果てには「誰でもそうするでしょ」とか「こういう場合はこうするでしょ」と人を中傷して傷つけたりすることになるのです)。

舎利さん、いいですか。私たちのまわりの物体やできごとのすべては、空という性質を持っているんです。つねに変化しているから、固有の実体などないのです。だから、生じる・滅する、汚い・きれい、増えた・減ったなど相対する意識は、仮のもの、自分の偏見に

是《ぜー》故《こー》空《くう》中《じゅう》無《むー》色《しき》　無《むー》受《じゅー》想《そう》
行識《ぎょうしき》　無《むー》眼《げん》耳《にー》鼻《びー》舌《ぜっ》身《しん》意《にー》
無《むー》色《しき》声《しょう》香《こう》味《みー》触《そく》法《ほう》　無《むー》眼《げん》
界《かい》乃《ない》至《しー》無《むー》意《いー》識《しき》界《かい》
無《むー》無《むー》明《みょう》　亦《やく》無《むー》無《むー》明尽《みょうじん》
乃《ない》至《しー》無《むー》老《ろう》死《しー》　亦《やく》無《むー》老《ろう》死《しー》

過ぎないと思っていたほうがいいのです。

（もう一度まとめますけどね）すべての物体や、考え方だって、いつも同じということはないのです。体も視覚も聴覚も味覚も臭覚《きゅうかく》も、触った感覚だって、ときにより状況により異なるということです（違うから面白いのです。誰でもどこでもいつでも、皆さんが同じように思い、考えたらつまらないではないですか。同じでないから面白い。世の中は空だから面白いのです）。

悩みや苦しみの原因も、一定不変ではなく、悩みや苦しみだって変化してラクになったり、はり合いになったりするのです。

尽《じん》　無《むー》苦《くー》集《じゅう》滅《めつ》道《どう》　無《むー》智《ちー》
亦《やく》無《むー》得《とく》　以《いー》無《むー》所《しょー》得《とく》故《こー》

菩《ぼー》提《だい》薩《さっ》埵《たー》　依《えー》般《はん》若《にゃー》波《はー》羅《らー》
蜜《みー》多《たー》　故《こー》心《しん》無《むー》罣《けー》礙《げー》　無《むー》罣《けー》
礙《げー》故《こー》無《むー》有《うー》恐《くー》怖《ふー》　遠《おん》離《りー》一《いっ》

決まりきったことなどはないのです。（おもいきったいい方をすれば『心経』の目的の）般若（智慧）にしたって、〝智慧はある〟なんて思わなくてもいいのです（そんなことにとらわれないことのほうが、ずっと大切なのです）。仮に「智慧を得た」と思っても、智慧の実体などありはしないのです。そもそも、得たと思うあなただって、確固たる存在ではなく、まことにアヤフヤな存在なのですから。

（これ以上詳しくいってても長くなりますから、とりあえず、般若波羅蜜多という智慧を身につけて生きるとどうなるかというご利益についてお伝えしましょう）

じつは仏教の菩薩たちも、この般若という智慧に

切《さい》顛《てん》倒《どう》夢《むー》想《そう》　究《くー》竟《ぎょう》涅《ねー》槃《はん》
三《さん》世《ぜー》諸《しょー》仏《ぶつ》　依《えー》般《はん》若《にゃー》波《はー》羅《らー》
蜜《みー》多《たー》故《こー》　得《とく》阿《あー》耨《のく》多《たー》　羅《らー》
三《さん》藐《みゃく》三《さん》菩《ぼー》提《だい》

故《こー》知《ちー》　般《はん》若《にゃー》波《はー》羅《らー》蜜《みー》多《たー》

よって、心が自由になって、とらわれがなくなり、晴々とした心境になったというのです。心が自由で伸びやかになったので、いかなるものに対する恐怖心もなくなりました。

（菩薩たちは）物事をありのままに見られるようになりました。しかし、現実を無視した、理想論に安住したわけでもありません。こうして悟りへと向かっていくのです。

過去・現在・未来の仏さまたちも、この般若波羅蜜多という智慧を体得したからこそ、この上もない悟りの境地にいたることができたのです。

不思議なことに、その智慧を得るための呪文《じゅもん》（真言）があります。それはそれは効果絶大な呪文で、

是《ぜー》大《だい》神《じん》呪《しゅー》　是《ぜー》大《だい》明《みょう》呪《しゅー》
是《ぜー》無《むー》上《じょう》呪《しゅー》　是《ぜー》無《むー》等《とう》等《どう》呪《しゅー》
能《のう》除《じょー》一《いっ》切《さい》苦《くー》　真《しん》実《じっ》不《ぷー》虚《こー》
故《こー》説《せつ》般《はん》若《にゃー》波《はー》羅《らー》蜜《みー》多《たー》呪《しゅー》
即《そく》説《せっ》呪《しゅー》曰《わっ》羯《ぎゃー》諦《てい》羯《ぎゃー》諦《てい》波《はー》羅《らー》
羯《ぎゃー》諦《てい》　波《は》羅《ら》僧《そう》羯《ぎゃー》諦《てい》　菩《ぼー》
提《じー》薩《そ》婆《わ》訶《かー》

般《はん》若《にゃー》心《しん》経《ぎょう》

代々の仏さまたちに伝えられているくらい力があるので、諸々の苦しみを除いてくれるのです。それは、ギャティ・ギャテイ・ハラソウギャテイ・ボージ・ソワカという呪文です。以上が般若の智慧の真髄、エッセンスです。

さあ、般若の心は実践あるのみ(こだわりのない心にしていきましょう)。

●参考資料

『新明解国語辞典』（三省堂）
『大辞林』（三省堂）
『漢字源』（学習研究社）
『仏教語大辞典』（東京書籍）
『密教大辞典』（法蔵館）
『山月記・李陵　他九篇』中島敦（岩波文庫）
『仏さまの履歴書』市川智康（水書坊）
『宇宙からの贈りもの』毛利衛（岩波新書）
『忠臣蔵１００問勝負』杉並良太郎＋歴史文化１００問委員会（出窓社）
『ヒトはなぜペットを食べないか』山内昶（文春新書）
『赤城しぐれ』口演・三代浪花家辰造（キングレコード）
『清水次郎長伝台詞集』口演・二代広沢虎造（ジェイミュージック）
ほか、インターネット各種ホームページ

本書は、本文庫のために書き下ろされたものです。

名取芳彦（なとり・ほうげん）
昭和33年、東京都江戸川区小岩生まれ。密蔵院住職。読売文化センター講師。真言宗豊山派布教研究所研究員。豊山流大師講（ご詠歌）詠匠。密蔵院写仏講座・ご詠歌指導。また、フリーマーケット布教やライブハウスでの声明ライブも行なっている。主な著書に、ベストセラーとなった『般若心経、心の「大そうじ」』（三笠書房《知的生きかた文庫》）ほか、『心がすっきりかるくなる般若心経』『人生をまる洗い』などがある。日本テンプルヴァンHPにて「名取芳彦のちょっといい話（全二〇〇話）」も好評。

●元結《もっとい》不動　密蔵院
東京都江戸川区鹿骨4－2－3

知的生きかた文庫

実践編《じっせんへん》　般若心経《はんにゃしんぎょう》　こだわらない生《い》き方《かた》

著者　名《な》取《とり》芳彦《ほうげん》
発行者　押鐘太陽
発行所　株式会社三笠書房
郵便番号一〇二－〇〇七二
東京都千代田区飯田橋三－三－一
電話〇三－五二二六－五七三四〈営業部〉
〇三－五二二六－五七三一〈編集部〉
http://www.mikasashobo.co.jp
印刷　誠宏印刷
製本　若林製本工場

ISBN978-4-8379-7813-8 C0130
落丁・乱丁本は当社にてお取替えいたします。
定価・発行日はカバーに表示してあります。

知的生きかた文庫

般若心経、心の「大そうじ」

名取芳彦

般若心経の教えを日本一わかりやすく解説した本。「笑って死んでいくためには、笑って生きること」「トイレそうじとは自分を磨くこと」「〈いい年寄り〉にならなくていい」など、ラクに生きるヒントが満載。手にしたときから、人生が変わります！

道元「禅」の言葉

境野勝悟

見返りを求めない、こだわりを捨てる、流れに身を任せてみる……道元の「禅の教え」には、あなたの迷いを解決するヒントが詰まっています。少し見方を変えるだけで、「本当に幸せな生き方」が見えてきます。

禅、シンプル生活のすすめ

枡野俊明

求めない、こだわらない、とらわれない——「世界が尊敬する日本人100人」に選出された著者が説く、ラク〜に生きる人生のコツ。迷ったとき、悩んだときに答えをくれる〝ハッ〟として〝ほっ〟とする珠玉のヒント。

C30053